말
———
감
각

말 감각

초판 발행 2021년 11월 26일

지은이 박민우
펴낸이 김채민
펴낸곳 힘찬북스
기획 (주)엔터스코리아 책쓰기브랜딩스쿨

출판등록 제410-2017-000143호
주소 서울특별시 마포구 망원로 94, 301호
전화 02-2272-2554
팩스 02-2272-2555
이메일 hcbooks17@naver.com

ISBN 979-11-90227-18-6 03190
값 15,000원

평범한 사람을 달변가로 만드는
고수의 대화법

말
감
각

HC books

소통은 말이 아니라 마음이 먼저다

  시간이 흐르고 세상이 변해도 변하지 않는 사람들의 고민 중 하나.
그것은 바로 '소통'이다.

  "말 좀 재미있게 잘하고 싶어요."

  "내 생각을 조리 있게 전달하고 싶어요."

  "하고 싶은 말이 있어도 말을 못 해서 자꾸 안 하게 돼요."

  "상대방이 내 말에 자꾸 오해를 해요…."

  이런 고민을 가진 사람이 한둘일까. 특히 요즘은 다양한 미디어를
통해 자신을 표현하는 활동이 왕성해졌다. 글이든 말이든 자신의 생
각을 재미있고 통찰력 있게 표현하는 사람들이 사람들로부터 인기를
얻고, 돈을 벌고, 성공하는 세상이 된 것이다. 이런 세상에서 '소통의

고수' '말 잘하는 사람'이 되고 싶다는 바람은 그리 이상할 것도 없다. 비단 이런 거창한 꿈이 아니더라도 적어도 내가 살고 있는 삶, 각 영역 안에서 편안하게 소통하는 사람, 말센스가 있는 사람으로 살고 싶다는 바람은 누구에게나 있을 수 있다.

나는 15년 동안 수만 명의 사람을 만났으며 8만 시간 이상 그들과 함께 소통에 대한 이야기를 나누었다. 1,100종이 넘는 다양한 직종의 사람들, 그리고 다양한 환경에 처한 사람들이 저마다 가지고 있는 소통의 고민에 대해 이야기를 나누면서 크게 2가지를 깨달았다.

첫째, 어떤 이유에서든 소통이 잘 안 되는 사람들은 상처를 안고 있기 마련이라는 것이다. 말을 잘하고 싶지만 늘 오해를 사는 사람들, 관계에서 번번이 실패하는 사람들, 항상 성실하게 준비하지만 생각보다 결과가 나오지 않는 사람들, 말솜씨 때문에 자신의 진짜 모습과는 다르게 인식되게 만드는 사람들… 그들은 모두 상처를 안고 있다. 세상 그 누가 이런 상황에 처하고 싶겠는가.

둘째, 그래서 이들은 자꾸만 '말하기 기술'을 배우려 한다는 사실이다. 물론 이 책 속에는 우리의 소통 능력을 높여줄 다양한 기술이 담겨 있다. 8만 시간 동안 진행한 모든 코칭에서 거의 100%의 성공률을 달성했던 내가 15년 동안 연구, 수집, 정리한 소통의 기술은 이 책 한

권으로는 1/1000도 나열하긴 힘들 것이다. 그러나 이 책 전체를 관통하여 내가 전달하고 싶었던 것은 그러한 '말 기술'들이 아니다. 나는 소통에 대한 가장 핵심적인 기술, 바로 '마음을 전달하는 법'에 대해 다루기 위해 노력했다. 그것이 그 어떤 말하기의 기술보다 중요하며, 어찌 보면 내 코칭에 있어 '전부'와도 같기 때문이다.

오래전 방문판매로 책 판매를 하던 시절, 항상 영업 실적 1위를 기록하던 A 씨가 있었다. 몇 년 동안 그 누구도 A 씨를 이길 수 없었는데, 나름대로 영업의 고수였던 사람들이 한 번도 이 사람을 이기지 못하자 대체 이유가 무엇인지 알 수 없다며 답답해했다. A 씨는 말재주라고는 없는 데다 가끔 당황하면 말을 더듬기까지 하는 사람이었기 때문이다. 책을 팔려면 말을 조리 있게 하는 건 기본인데 말이다. 나중에 A 씨가 하는 영업의 과정을 지켜본 다른 동료는 자신이 그동안 놓치고 있었던 사실을 비로소 깨달았다. 그건 바로 '경청' 그리고 상대방이 원하는 게 무엇인지에 귀를 기울이고 거기에 대한 대답을 정성껏 해주기 위한 노력이었다.

책을 사려고 하는 사람들은 상대가 늘어놓는 말을 일방적으로 듣기보다는 자신이 필요한 것을 말하고 싶어 했고, 심지어는 자녀들에게 어떤 고민이 있는지 자녀교육 때문에 얼마나 힘든지까지… 이야기하기도 했다. 시간이 얼마가 걸리듯 그 이야기를 들어주고, 마음을 위로 해주고, 그리고 그들에게 필요한 책을 권했을 때 100% 판매를 할 수 있었던 것이다.

나는 상대방과 대화를 나눌 때마다 이 이야기를 기억한다. 결국 소통은 '내가 말을 얼마나 잘하는가'에 달려 있는 게 아니라는 사실. 상대방이 하고 싶은 이야기를 들어야 상대방이 원하는 것을 알 수 있고, 그제야 비로소 내가 전달하고 싶은 내용을 '어떻게' 전달해야 할지 전략도 세워볼 수 있다. 상대방의 배려가 빠진 소통, 마음이 담기지 않은 소통은 그 어떤 화려한 전략, 거창한 계획으로도 괜찮게 만들기란 힘들다. 어쩌면 이러한 소통의 끝에는 상처만 남을 뿐이다.

이 글의 앞부분에서 내가 '나를 찾아온 사람이 가진 소통의 고민에 대해 이야기를 나누었다.'고 표현한 것을 기억할 것이다. 나는 코칭을 하는 사람이지만 대부분 그들의 이야기를 들어주는 데서 시작하고, 그들의 마음을 위로하는 일이 대부분이며, 그들이 가장 잘 이해하고 그들에게 가장 필요한 방식대로 내 생각을 전달한다. 그래서 나의 코칭은 그들과 '이야기를 나누는' 과정에서 이미 답이 도출되는 방식으로 진행된다. 누군가 나에게 성공의 비결에 대해 묻는다면 이것이 아닐까 싶다.

소통은 '마음'으로 하는 것이다. 엄밀히 말하면 우리의 말하기는 대부분 상대를 혹은 어떤 대상을 끝없이 설득하는 과정으로 이루어진다. '말 기술'로만 사람을 설득하는 것에는 한계가 있다. 그러나 '마음'으로 하는 설득에는 한계가 없다. 불가능을 가능으로 만드는 것은 기술이 아니라 마음이기 때문이다. 이 책을 읽는 모든 독자들이 '마음을 주고받는 소통법'을 얻어가게 되길 간절히 바란다.

－연구실에서,

11월, 박민우

Part 1

그게 무슨 말이에요?

: 열심히 설명하는데 상대방은 여전히 이해를 못 하는 표정이라면

Part 2

상대를 내 편으로 만드는 대화 한 끗의 차이

: 딱 한 끗, 그것이 대화의 질을 다르게 한다

Part 3

오! 달변가이신데요?

: 말 잘하는 사람들이 사용하는 비기(祕技)를 아는가

Part 4

나도 이기고 상대도 이기게 만드는 고수의 대화법

: 불편한 말도 쉽게, 어려운 말도 재밌게, 어떤 말이든 기쁘게

Part 5

세계를 흔들고 세기를 떠들썩하게 한 1%의 커뮤니케이션

: 그들의 대화 속에 숨겨진 원 포인트를 찾아서

Part 1

그게 무슨 말이에요?

열심히 설명하는데 상대방은 여전히
이해를 못 하는 표정이라면

Check Point 1.

목소리를
체크하라

우리가 '목소리'라고 인식하는 것에는 단순히 목소리가 좋다, 나쁘다, 목소리 톤이 높다, 낮다 하는 것 외에도 여러 가지가 포함된다. 이를테면 톤, 호흡 위치, 호흡량, 볼륨, 길이, 끊기, 속도, 억양, 울림점 이 모든 것이 다 목소리의 영역이다. 주로 언어에 많이 사용되는 부분이 볼륨, 길이, 속도, 끊기인데 우리가 보통 '목소리가 어떻다'라고 표현할 때 주로 이 4가지 작용이 포함된 것이라고 보면 된다. 그런데 우리가 보통 '왜 그렇게 말해?'라고 할 때 이 목소리가 개입되는 경우가 많다. 그냥 아무 생각 없이 "그래."라고 대답했는데 목소리가 좀 낮거나 짧게 끊어지면 '화가 난 건가?' 싶고, 그냥 좀 차분하게 대답한 것뿐인데 "무슨 일 있어?" 하고 묻는다.

아마 평소에는 목소리가 소통에 있어서 얼마나 중요한지 별로 생각해보지 못했을 것이다. 그러나 생각보다 목소리에 따라 많은 소통의 문제가 발생한다. 나는 쾌활하게 말했다고 생각하는데 상대방은 횡설수설하고 흥분한 것처럼 느낀다면? 나는 차분하게 말했다고 생각하는데 상대방은 내가 언짢은 상태라고 받아들인다면? 나의 의도가 제대로 전달되지 않는다는 사실에 무척 속이 상할 것이다.

살면서 자신의 목소리를 직접 들어보는 경우는 그리 많지 않다. 그래서 코칭 중간에 "자신의 목소리가 어떻다고 생각하세요?"라고 물었을 때 정확하게 대답하는 사람은 거의 없다. 보통 "그냥 그렇지 않아요?", "톤이 좀 낮은가요?", "목소리가 좀 작죠?" 정도로 두루뭉술하게 말하는 경우가 대부분이다.

우리는 대화를 할 때 자기도 모르게 여러 가지 목소리를 사용한다. 자신이 여러 가지 목소리를 가지고 있는지도 모른 채 상황에 따라 그 목소리들이 튀어나오는 것이다. 만약 말의 내용이 전혀 그렇지 않았는데 상대방이 오해를 사는 상황이라면, 자신의 목소리를 점검해봐야 한다. 목소리의 톤과 높낮이, 볼륨에 따라서 생각보다 많은 커뮤니케이션 오류가 발생하기 때문이다.

이 문제를 해결하기 위해 가장 쉽고 빠르게 해볼 수 있는 방법은 내 목소리를 직접 녹음해서 들어보는 것이다. 수치만큼 정확한 것은 없다.

자기는 톤이 높다고 하지만 남들이 들으면 저음일 수 있다. 이런 경우 실제로 데시벨이 높지만 대화는 상대적인 것이므로 상대방의 데시벨이 높으면 내 데시벨이 낮은 것처럼 여겨진다. 따라서 내 목소리를 직접 녹음한 다음, 데시벨 수치가 몇인지를 정확히 체크해두는 건 도움이 된다.

나 같은 경우 한 번만 녹음을 하는 것이 아니라 여러 경우에 녹음을 하도록 권유한다. 업무를 할 때, 통화를 할 때, 친구와 말할 때, 가족과 말할 때 등을 모두 녹음해보게 한다. 그런 다음, 각 상황에 따라 혹은 상대에 따라서 자신의 목소리가 어떻게 변하는지를 체크해본다.

그러면 "헉! 내가 이럴 때 이런 목소리가 나오는구나.", "엄청 흥분한 것처럼 들리네?", "너무 딱딱한 느낌이 드는데." 등을 알 수 있다. 공통적으로 모든 사람들에게서 최상의 목소리가 나올 때는 '좋아하는 사람과 전화통화를 할 때'다. 이땐 친절해지고 멋있어지고 점잖아진다. 반대로 꺼려지는 사람, 별로 안 좋아하는 사람과 전화를 할 때는 짜증 나고 날카로워진다. 변화가 있다는 사실 자체를 인지하는 게 중요하다는 얘기다.

대화 상대를 위해 내 목소리를 들어라

중요한 비즈니스 회의 때마다 번번이 의견을 무시당한다는 한 고객이 있었다. 그녀가 처음에 찾아왔을 때 토로했던 고민은, 회의 때 분명 자신은 전달해야 할 말을 정확하게 빠뜨리지 않고 전달했으나 전혀 설득이 되지 않는다는 것이었다.

나는 그녀와 함께 회의를 그대로 재연하며 상대방 역할을 충실하게 해주며 무엇이 문제인지 파악했다. 가만 보니 자신의 의견을 피력해야 할 때가 되면 심장이 떨리면서 자기도 모르고 살짝 흥분된 상태에서 울분을 토하듯이 말하는 습관이 있었다. 가상회의가 끝난 후 녹음을 해서 들려주자 그녀는 자신의 목소리를 듣고는 깜짝 놀랐다.

"아니, 내가 이렇게 아마추어처럼 말을 하던가요? 목소리가 이렇게 떨리는 줄 전혀 몰랐어요."

이분의 경우 자신의 말하기 습관을 직접 들어봄으로써 정확히 파악한 것이 변화의 가장 중요한 열쇠였다. 지피지기면 백전백승이라는 말은 역시 여기에서도 통하는 것이다. 비즈니스를 할 때는 특히 전문가처럼 보이면서도 상대방을 충분히 설득할 수 있는 목소리를 연습해야 한다.

이분 역시 자신이 잘 아는 부분에 대해선 전문가답게 말하는 방법을 지속적으로 트레이닝했다. 결과는 좋았고, 처음 가지고 왔던 고민이 충분히 해결되었다. 만약 의사소통에서 상대로부터 자신의 의도와 다른 피드백이 온다면 반드시 자신의 목소리를 녹음해서 들어보라. 회의 때 살짝 녹음을 해뒀다가 나중에 들어보면 큰 도움이 될 것이다.

대화를 왜 하는가? 내 생각을 전달하거나, 나의 마음을 내보이거나, 상대를 설득하거나, 무언가를 권유하거나, 신뢰를 얻고 싶거나, 내 의사를 이해시키거나, 혹은 상대방의 의도를 끌어내기 위해 대화를 한다. 그 대화는 최대한 효율적으로 원하는 것을 끌어내고 또 원하는 것을 전달하는 것이 목표가 될 것이므로 먼저 내 목소리를 점검해보자. 각 상황별로 녹음을 해서 내 목소리 변화를 체크해두는 것만으로도 예기치 않게 생기는 많은 오해를 줄일 수 있다. 적시 적소에 어울리는 목소리를 내어 원하는 것을 이루게 된다면 금상첨화다.

3초 코치

1. 커뮤니케이션에서 '목소리' 때문에 자주 오해가 생긴다.

2. 상황별로 내 목소리를 녹음해서 들어보고 변화를 체크해둔다.

3. 각 상황에 어울리는 목소리를 내기 위한 연습을 한다.

Check Point 2.
사용하는
어휘를
체크하라

몇 달 전 책 출간과 관련해 미팅을 가졌다. 3시간이나 카페에 앉아서 많은 이야기를 나눴는데 정작 집으로 돌아오는 길에 머릿속에는 남는 게 없었다. 아무리 노력해도 내용이 일목요연하게 정리되지 않았다. 출간에 관련된 미팅이니 상당히 중요한 내용들이 오갔을 게 분명한데 왜 하나도 기억에 남는 내용이 없는 걸까. 여러 단어와 문장들, 그리고 웃으면서 혹은 진지하게 오간 여러 대화들을 떠올려보아도 명확하게 이해가 되지 않았다.

결국 그 담당자에게 전화를 걸어 다시 설명을 좀 해달라고 했다. 담당자의 입에서 나오는 단어들을 듣고서야 내가 왜 그 대화의 핵심을 이해하지 못했는지 깨달았다. 그 단어들, 그리고 그 담당자가 주로 사용하는 표현들은 그동안 내가 들어본 적 없는 생소한 것들이었기 때문이다.

고객으로 나를 찾아온 보험 관련 일을 하시는 분이 고민을 털어놓았다. 내용인즉 미팅을 하고 나면 한참 동안 연락이 오지 않아 고객에게 다시 연락을 해보면 자신과 나눈 이야기의 상당 부분을 기억하지 못한다. 혹은 전혀 다르게 이해를 하고 있더란다. 아마도 상대방은 출판 미팅을 했던 나와 비슷한 느낌을 가졌던 모양이다. 상대방은

충분한 이야기를 늘어놓았다고 생각하지만 정작 이야기를 들은 사람은 아무것도 정리되지 않은 느낌. 혹은 동상이몽을 한 것처럼 다른 식으로 이해된 느낌.

왜 한참 동안 이야기를 나눴는데도 내용을 정확하게 이해하지 못하는 걸까? 이유는 간단하다. 서로가 대화를 하면서 사용한 어휘들이 익숙하지 않아 대화의 내용이 정확하게 인지되지 못했기 때문이다. 특히 특정 분야에 관련한 전문가일수록 자신이 어떤 단어를 주로 사용하는지, 또한 어떤 단어를 자주 생략하는지 잘 모른다. 자신에게 매우 익숙한 단어는 아무리 어려운 것들이라도 설명 없이 전달되거나 혹은 아예 생략되기 십상이다. 나 역시 커뮤니케이션에 관련한 어려운 용어를 아무렇지 않게 사용해 상대방을 곤란하게 한 적이 있다.

나름대로 열심히 한참을 설명했는데 여전히 이해가 안 된다는 표정에 당혹스러웠다. 그래서 지금은 상대에 따라 사용하는 어휘를 선택하는

데 매우 신중해진다. 오랫동안 한 가지 일을 해온 사람들은 자신이 사용하고 있는 단어와 표현에 무감각해지기 마련이다.

또 불필요한 단어를 자주 사용해서 핵심 내용을 전달하는 데 혼선을 주었거나, 같은 단어라도 살아온 환경에 따라 서로 다르게 이해를 하는 경우도 많이 있다.

나는 어떤 말, 어떤 표현을 자주 쓸까

내가 어떤 단어를 유독 자주 사용하는지, 어떤 말 표현을 자주 쓰는지를 알아두는 것은 성공적인 커뮤니케이션에 있어 상당히 중요하다. 특히 서로 중요한 일을 성사시켜야 하거나 이성의 호감을 사야 하거나 신뢰를 얻어내야 하거나 나의 장점을 어필해야 하는 관계에선 더욱 그렇다.

내가 자주 사용하는 단어나 문장을 모를 경우 가장 문제가 되는 것은 약속이나 책임에 대해 서로의 기억이 달라서 오게 되는 상황들이다.

"김 팀장, 아까 내가 해놓으라고 한 거 다 해놨어?"

"다 해놓으라고 한 게 아니라 일단 진행을 해보고 있으라고 한 거 아니셨어요?"

"내가 진행해놓으라고 했잖아!"

"네, 진행은 했는데, 완료는….'

'진행'이라는 단어를 인지하는 차이에서 오는 문제다. 이런 경우는 매우 빈번하게 발생하는데, 말하는 사람이 그 단어에 어느 정도의 중점을 두고 있는가도 큰 차이를 만들어낸다. 자신은 매우 중요하게 생각하는 지점이지만 상대방에게는 그렇게 들리지 않았을 수 있고, 반대로 나는 그냥 한 말인데 상대방은 그 부분에 꽂혀 예기치 않은 상황을 만들어낼 수도 있다. 약속에 대한 오해, 잘못된 결과를 가져다주는 소통 등을 방지하기 위해 각각 자신이 사용하고 있는 단어들에 대해 잘 알고 있어야 한다.

조직에서 관리자들은 부하직원이 완벽하게 이해했는지 점검하지 않고 자신의 이야기를 흩뿌리는 경우도 많다.

"이렇게 이렇게 하고, 저렇게 요렇게 해. 가봐." 그런 후 나중에 전혀 다른 결과물을 가지고 오면 뚜껑이 열려 말하는 것이다.

"그렇게 말귀를 못 알아먹어? 아휴!"

개선 방법은 크게 세 가지를 추천한다. **첫째, 상대방이 내 이야기를 잘 이해하고 있는지를 자꾸 점검하는 것이다.** 앞에서 말했듯 전문 분야에 있을수록 상대방은 내가 자주 사용하는 단어에 대해 제대로 이해하지 못할 가능성이 크다. 앞의 고객은 '보장분석', '생명보험' 등의 단어를 자주 사용하는데 일반인들은 이 단어가 포함하고 있는 모든 의미를 정확하게 이해하기는 힘들다. 나중에 서로가 맺고자 하는 계약의 내용에 이해 차이가 생기지 않으려면 사전 소통을 할 때 꼼꼼하게 점검을 해주어야 한다.

"고객님, 이해되셨나요?"와 같은 문장을 반복적으로 사용하여 상대방이 궁금한 점을 확인할 수 있게 질문을 던지는 것이다.

둘째는 이성적 언어와 감성적 언어를 구분하는 것이다. 이는 조직에 특히 필요한 것인데 조직에서는 주로 그 조직이 공통적으로 사용하는 단어, 이해에 대한 지표, 방향, 시간 등이 있다. 그러나 이를 무시하고 감성적 언어들을 사용하는 사람들이 많은데 그들은 인간적으로는 따뜻하고 좋은 사람으로 보일 수는 있으나, 감성적 언어에는 모든 사람 각각이 가지는 비교 기준이 있기에 저마다 느끼는 감정이 달라진다. '활발하다'라는 단어는 누군가에게는 '해맑다'는 의미일 테고, 누군가에게는 '나댄다'는 의미가 될 것이다.

조직 안에서 이성적 언어를 공통으로 사용한다는 것은 누구나 들어도 알 수 있는, 오해의 소지가 없는 언어들을 의미한다. '여의도역에서 KBS를 찾아가는 길'을 설명한다고 할 때 이성적 언어를 사용하는 사람은 "1번 출구에서 나오면 KBS로 가는 두 가지 길이 있어. 직진해서 가는 방법과 우측 골목을 통해 지름길로 오는 방법이야. 직진을 한다면 10 미터 전방에 ABC 오피스텔이 보일 거야. 거기서 우측으로 돈 다음….” 하고 말할 것이다. 반면 감성적인 언어를 사용하는 사람은 “1번 출구로 나오면 만둣집이 있어…. 만둣집 옆에 카페가 하나 있는데 그걸 끼고 돌아. 그러면 아저씨같이 생긴 동상이 하나 보일 거야, 너, 거기서 잘 찾아야 한다?”라고 시작한다.

이성적 언어의 사용은 오해를 줄이고 정확하게 의사를 전달하게 해준다. 이는 어디까지나 같은 일을 하는 조직 내에서 주로 해당하는 이야기이다. 잘 알아두면 일의 효율을 높이는 데 도움이 된다.

마지막으로 개인적으로 할 수 있는 노력은 자주 대화하는 상대로부터 리스트를 받는 것이다. 친구, 동료, 가족들을 통해 내가 주로 어떤 단어를 쓰는지 주로 어떤 문장을 구사하는지 각 대상별로 점검해보자. 그러면 내가 원치 않는 표현들을 쓰고 있거나 대상에 맞지 않는 표현을 쓰고 있다는 사실을 알아챌 수 있다.

비즈니스에서 성공하고 싶다면, 사람들 앞에서 발표를 해야 하거나 새로운 조직에 적응해야 할 경우 혹은 직원들을 관리해야 하는 경우라면 ‘언어 사용 매뉴얼’ 공유하는 것도 좋다. 약속이 필요하기 때문이다.

'내가 주로 어떤 단어를 사용하고 어떤 말을 하는데 이는 어떤 의미에서 하는 것이다. 우리가 앞으로 주로 사용하게 될 단어와 말의 의미는 이러이러한 것이니 오해하지 말고 사용하도록 하자.'

이런 약속이 있으면 상대방이 그냥 '이해한 척'하게 만드는 일을 방지할 수 있다. 대부분 듣는 사람은 '아는 척'하기 십상이다. 모른다고 하면 창피한 경우가 많을 테고, 또 일일이 알아보려면 귀찮기도 하니 말이다. 듣는 사람보다 말하는 사람이 미리 알아서 해주면 많은 문제가 해결된다.

"고객님, 보장분석이 뭔지 아세요? 보장분석이는 것은…."

지금 우리가 하고 있는 것은 '말하기' 훈련이다. 즉 '듣는 사람을 배려한' 말하기 연습이 그 첫 번째 열쇠가 된다는 뜻이다.

'듣는 사람 중심의 말하기'

모든 소통의 핵심은 '상대방에 대한 배려'에 있다. 커뮤니케이션의 기본은 상대방을 위한 말하기이기 때문에 '잘 듣는 자세'를 먼저 배우고 그다음 '제대로 말하는 법'을 배워야 한다. 자존심을 죽이고 상대방의 말에 동조하라는 뜻이 아니다. 싸움을 하더라도 배려가 필요하고, 끝장 토론을 하더라도 배려는 필요하다. 어쨌든 모든 커뮤니케이션은 듣는 사람과 말하는 사람이 공존하기 때문에 그 사실을 배제한 채 이루어질 수 없다.

그래서 이 복잡한 커뮤니케이션의 세계에 대한 해답도 단 하나, 상대방을 중심으로 한 말하기가 바로 그 답이다.

3초 코치

1. 조직 안에서는 이성적 언어를 공통의 언어로 사용한다.

2. 상대방이 잘 이해하고 있는지 자주 체크한다.

3. 내가 자주 사용하는 단어를 리스트업하여 소통 시 조절해 사용한다.

Check Point 3.
전달하려는
정보의 양을
체크하라

A 씨는 오늘 발표를 위해 몇 주 동안 잠을 설쳤다. 이 발표가 향후 자신의 행보에 큰 영향을 미칠 것이기 때문이다. 발표는 별문제 없이 끝났지만 A 씨는 어쩐지 실망스러움을 감추지 못하고 나를 찾아왔다. "문제가 뭔가요?"라는 나의 질문에도 잠시 몇 분 동안 말없이 생각만 하던 A 씨는 나를 보며 물었다. "내가 말을 재미없게 하나요?"

종종 A 씨가 스피치 코칭을 받기 위해 찾아왔을 때 말투나 억양, 목소리 등에 있어 크게 문제가 된 적은 없었다. 평소 자기관리를 꾸준히 하던 A 씨였기 때문에 내가 코칭해준 내용을 곧잘 좇아왔고, 몇 달 전에 비하면 전달력도 꽤 좋아진 편이었다.

"발표가 잘 안 된 건가요?"

"딱히 그런 건 같지 않은데… 어쩐지 뭘 그렇게 잘한 것 같지도 않은 이상한 느낌이에요."

"왜 그런 느낌이 드는 거죠?"

"사람들의 표정이… 마치 '아우 지루해! 빨리 좀 끝내!' 하는 것 같았거든요."

A 씨의 말을 빌리자면 발표를 듣던 중역들이 고작 30분짜리 발표였는데도 10분 째부터는 의자에 깊이 기대거나 흐트러지는 모습을 보이기도 했고, 핸드폰을 만지거나 딴 곳을 보거나 하는 등의 모습을 보이더라는 것이다. 점점 산만해지는 청중의 모습에 평소 잘 떨지 않는데도 살짝 긴장이 되었고 자신이 뭔가 잘못하고 있나 싶어서 말도 몇 번 버벅거리기도 했고, 나중에는 빨리 끝내야 한다는 생각에 자신도 모르게 후닥닥 말하느라 마무리가 제대로 된 건지도 사실 잘 모르겠다며 아쉬워했다.

"발표자료, 한번 줘보시겠어요?"

A 씨의 발표자료를 살펴보던 나는 이유를 금방 알아차릴 수 있었다. 바로 '정보의 양' 때문이었다. PPT 자료만 보아도 이미 방대한 분량, 주제를 설명하기 위해 갖다 붙인 수많은 양의 정보 때문에 듣는 이들은 점점 지쳐갔을 것이다. 게다가 어쩔 수 없이 정보를 많이 전달해야 할 때는 정보의 양을 조금씩 늘려 가며 청중의 이해도를 체크해야 하는데 그러지 않고 일방적으로 '내가 준비한 모든 것을 전달한다'는 사명감 때문에 흥미도를 떨어뜨렸을 가능성이 크다.

많은 정보를 효율적으로 전달하는 법

말을 하는 모든 사람은 그 속에 정보를 담고 있다. "나 졸려." 하는 세 글자 속에도 정보가 담겨 있다. "마늘 좀 곱게 빻아." 하는 문장 속에도 이미 여러 개의 정보가 담겨 있다. 그리고 이 문장들을 모아 발표를 하거나 긴 이야기를 전달해야 할 때는 훨씬 더 많은 정보들이 생겨나게 된다.

커뮤니케이션 훈련에 있어 '한 번에 적당한 양의 정보만을 담아 전달한다'는 것은 매우 중요한 기본기다. 하고 싶은 말도 많고 전달해야 할 내용이 많다는 것도 알고 있다. 그러나 그 모든 걸 한 번에 다 전달해야 한다는 욕심부터 버려야 한다. 우리가 정보를 인지하는 데에는 분명 한계가 있다. 아무리 집중력이 좋은 사람도 너무 많은 정보를 한꺼번에 받아들이기는 쉽지 않은 법이다. 따라서 대화를 나눌 때는 내가 전달하고자 하는 내용을 한 번에 하나씩 전달하되, 특히 한 문장 안에 한 가지 이상의 정보 혹은 메시지가 담기지 않도록 주의한다. 그러면서 순차적으로 하나씩 정보를 늘려 가는 것이다.

내가 자주 예로 인용하는 '닭볶음탕' 얘기를 한번 해보자.

닭볶음탕을 만들 때 "닭볶음탕은 좋은 닭을 잘 고르는 게 생명인데,

그러려면 일단 닭의 상태를 잘 보고 크고 실한 놈을 고르되 볶음탕을 할 때는 이미 손질이 되어 있는 걸 선택하는 게 좋아. 그런데 요즘에는 H 마트보다 B 마트가 좀 더 닭이 싱싱한 게 좋은 것 같더라, 거기 육류 말고 농산물 코너에 가면 더 좋은 닭이 많은데, 아, 맞다 거기에는 토막을 낸 게 잘 없었던가?…"라고 말한다면 이미 짜증이 확 올라온다.

"닭볶음탕 닭은 손질되어있는 큰 닭으로 골라야 해."라고 말하고 상대방이 이해가 되었다면 "B 마트 농산물 코너가 좋더라." 하고 다음 정보를 전달한다. 상대방의 이해도에 따라 순차적으로, 하나씩 전달을 하는 것이다.

발표를 할 때도 전달해야 하는 정보의 양이 많다면 이를 단계별로 나누는 것이 좋고, 시간이 한정되어 있는 경우 "이러이러한 내용들이 있습니다. 이 중 오늘은 요 부분만 전달을 드리겠습니다." 하고 미리 정보량에 대해 언질을 준다면 훨씬 효율적이다.

이렇게 정보량을 조절하게 되면 발표나 이야기를 해야 하는 사람 입장에서도 훨씬 내용에 대한 숙지를 잘할 수 있고 전달의 질도 높아진다.

또 한 가지 팁은 긴 설명을 해야 할 경우 전체를 관통하는 이야기로 요약을 한번 해주고 시작하는 것이다.

"닭볶음탕은 고추장을 베이스로 해서 갖가지 야채를 넣어 매콤하게 볶아먹는 전통 음식이야."

전체적인 맥락을 한번 짚고 시작을 하면 듣는 사람은 그에 대한 이야기가 펼쳐질 것을 기대하게 된다.

처음부터 여정을 다 풀어버리면 듣는 사람은 벌써 지루한 데다 으레 중간쯤부터는 '무슨 소리지.' 하는 생각을 하게 된다. 따라서 아주 중요한 협의를 이끌어내야 하는 경우, 먼저 전달하고자 하는 내용을 최소화시켜라. 그런 다음 하나씩 점차 늘려 가며 이야기한다. 화자는 이야기할 순서와 내용을 미리 잘 정돈 해두면 대화를 할 때 매우 도움이 된다.

보통 임원들 앞에서 발표해야 할 때는 10분 이상 시간이 주어지지 않는 경우가 많다. 그들은 핵심 정보만 파악하면 되기 때문에 발표자료 외에 1페이지짜리 자료를 위주로 내용을 파악한다. 즉 발표자 또한 1페이지 이상의 피로감을 주어선 안 된다. 생각보다 듣는 사람의 인내심이 그리 많지 않다는 걸 명심하자. 아무리 호소력 짙은 말솜씨로 발표를 한다 해도 마찬가지다.

이때 같은 종류끼리 묶는 '그룹핑'과 그중 선택지를 좁혀나가는 '필터링'이라는 적절한 도구도 잘 활용하면 도움이 된다. 즉 정보 중에서 비숫한 걸 모으거나 종류별로 잘 분류해서 상대방이 알아듣기 쉽게 전달하는 것이다. 예를 들어, "강서구 쪽에 맛집 좀 알려줘."라고 누가 물어보았다고 하자. 많은 사람들이 "오, 거기 어디 가면 무슨 무슨 집이 있는데 겁나 맛있어. 그리고 그 맞은편에 뭐뭐 하는 집 있는데 거긴 분위기가 죽여. 또 00역에 뒤쪽으로 가면 무슨 무슨 집 있거든. 거긴 이모가 진짜 좋다. 양도 많이 주고…."라고 할 때 그룹핑을 잘하는 사람은 "한식, 양식, 일식, 중식 중에 어떤 거?" 하고 묻거나 "고기? 해산물? 야채 베이스?"라고 먼저 필터링을 위한 도구를 들이댄다. 그러면 상대방이 원하는 것을 훨씬 효율적으로 전달할 수 있다.

커뮤니케이션의 목적은 '효율적인 소통'이다. 내가 말하려고 하는 바가 아무리 많고 중요해도 상대방이 이해하지 못하고 반도 알아듣지 못한다면 무슨 소용이겠는가. 역시 듣는 이를 배려하는 마음이 첫 번째다. 상대방의 시간을 아껴주자. 또한 상대방이 내 얘기를 이해하느라 너무 많은 두뇌의 에너지를 쓰게 하지 말자. 이야기를 전달할 때의 목적(조직 안에서 발표가 되었든 연인에게 건네는 사랑의 속삭임이 되었든 친구와 나누는 맛집 정보가 되었든)은 내가 하고 싶은 말을 한꺼번에 다 하는 것이 아니라 상대방이 내 말을 듣고 이해하고 반응하는 것임을 잊지 말자.

1. 한 문장 안에 두 가지 이상의 정보를
   담지 않는다.

2. 어쩔 수 없이 정보량이 많다면 적은 정보부터
   하나씩 정보량을 늘려나가되, 상대방이 이해
   하고 있는지를 체크하면서 진행한다.

3초 코치

3. 이야기를 시작할 때 전체를 관통하는
   정보를 한 번 정돈해준다.

4. 그룹핑, 필터링 훈련을 통해 의도한 바를
   쉽게 전달하는 법을 익힌다.

내 말 속에
'판단 언어'가
있는지 체크하라

"무슨 일 있어?"

"아무 일도 없는데?"

"그런데 표정이 왜 그래? 말투도 이상하고."

"내 표정이 왜? 평소랑 똑같은데? 말투도 그렇고."

"아냐. 너 분명 무슨 일 있어."

지난 10년 동안 수많은 사람들을 만나면서 대부분의 사람이 가진 공통적 특징 하나를 발견했다. 바로 '자신의 감' 소위 '촉'이라는 것을 엄청나게 믿는다는 것이다. 나 역시 직업적인 특징도 있는 데다 타고난 감각도 무척 예민한 편이라 사람의 표정, 말투, 목소리를 들을 때 그와 관련된 여러 가지를 판단하려 든다. 이런 직업을 가졌을 거야, 주로 이런 생각을 하는 사람이군. 오늘 기분이 별로 안 좋은 것 같은데, 말은 이렇게 하지만 다르게 생각하는 것 같은데… 등등. 물론, 워낙 많은 사람, 그것도 다양한 직업군과 연령대를 만나다 보니 평균적으로 그 예상이 맞을 때가 많은 편이다. 하지만 문제는 그럴 때가 많다는 것이지 그것이 진실이란 건 아니다. 따라서 이러한 '예상'은 생각 속에 머물게 하는 편이 커뮤니케이션에서는 유익하다. 그것을 함부로 입 밖으로 내뱉는 순간 수많은 오해와 갈등이 빚어질 수 있기 때문이다.

나를 통해 만나게 된 A와 B, 두 지인이 만난 지 얼마 되지 않았을 때 서로 약간의 오해로 마찰을 빚은 적이 있다. 내용인즉슨, A는 어떤 이야기든 무척 진지하면서도 솔직하게 털어놓는 편인데 자신의 이야기를 들을 때마다 B의 표정이 이상하더라는 것이다. 긍정도 부정도 아닌, 묘하게 기분이 나쁜 표정이랄까. 처음엔 B에게 오늘 안 좋은 일이 있었던 모양이라고 생각했단다. 그런데 자신을 만날 때마다 그런 표정을 짓기에 자신에게 안 좋은 감정이 있는 게 아닌가, 혹은 내 얘기를 듣는 게 별로 달갑지 않은가 생각했다고 한다. 보통 이런 경우 상대방에 대해 판단을 내린 후 의도적으로 한쪽에서 관계를 정리하거나 관계가 좀 지속된다 하더라도 결국 커뮤니케이션이 원활하지 못해 자연스레 정리되기 십상이다. 그런데 직선적이고 솔직한 A는 얼마 후 B에게 직접 물었다고 한다.

"혹시 뭐 안 좋은 일 있으세요? 아니면 제 얘기가 많이 불편하신가요?"

"네? 무슨 얘기신지….."

"아니, 항상 표정이 너무 안 좋으셔서요."

"제 표정이요? 아니, 항상 말씀을 너무 잘하셔서 저는 열심히 들었을 뿐인데….."

실제로 내가 아는 B의 표정이 일반적인 사람들이 리액션을 할 때 보이는 '긍정'이나 '수긍'의 표정과는 약간 차이가 있다. 나도 처음에 그를 알게 되었을 때 내 얘기에 짓는 표정을 보고 자연스럽지는 않구나, 하고 생각은 했다. 그러나 이 역시 나의 프레임이다.

방금 내가 적은 것처럼 '일반적인 사람들'이 다 하는 표정, 말투, 행동이 익숙하고 그것을 커뮤니케이션의 기본으로 생각하고 있기에 예외적인 사람을 만나게 될 때 다르게 보이고 나만의 판단을 하게 되는 것이다.

관계에서는 어떤 사건이나 심리가 판단 언어('이것은 이것이다'라고 주관적으로 판단해서 해석한 언어)를 사용하는 데 작용하는 경우도 많다. 예를 들어, 한 회사 기획팀 팀장은 부하직원 C와 프로젝트를 진행하는 과정에서 발생한 문제 때문에 골머리를 썩이던 상황이었다. 도저히 해결이 되지 않을 것 같자 C는 그 프로젝트를 포기하는 상황에까지 이르렀고, C는 팀장과 두드러진 마찰을 빚지는 않았지만 서로 말 못 할 정도로 감정이 상해버렸다. 그런 상태에서 이 팀에는 새로운 프로젝트가 주어졌고 전달을 위해 팀장은 C를 불렀다.

팀장은 C와 마주 앉아 새로 하게 될 프로젝트에 대해서 최대한 객관적으로(일전의 일로 감정이 상한 부분을 내려놓고) 설명했고, 모르는 부분이 있으면 질문을 하라고 마무리 멘트를 부드럽게 건넸다. 그런데 이야기를 듣는 내내 심각한 표정을 짓던 C는 "질문 없습니다."라고 대답했다. C의 모습을 보던 팀장은 갑자기 버럭 화를 내며 "새 프로젝트가 마음에 안 들어? 아직도 마음이 꽁한 거야?" 하고 물었다. C는 "네?" 하고 얼굴이 붉어졌고, 팀장이 연이어 "지금 네 표정이 말하고 있잖아. 나라고 지금 아무렇지도 않은 줄 알아? 하지만 빨리 털고 새로 시작해야 할 거 아니야."

C는 결국 그 팀에서 빠지게 되었다. 팀장을 실망시킨 데 대해 송구한 마음을 가진 C가 새로운 프로젝트는 실패하지 않겠다는 다짐으로 팀장의 말을 골똘하게 듣고 있었을 뿐인데 팀장이 상대방의 감정을 지레짐작하고 판단하여 상황을 악화시킨 것이다.

사실 이런 일은 생각보다 비일비재하다. 사람은 자신의 시각, 프레임, 경험에 의해 생각하고 상대방을 바라본다. 그러나 말을 잘하는 사람들은 절대 상대방이 하는 표정, 말투에 의해 그 사람을 쉽게 판단하지 않는다. 혹 판단을 한다 하더라도 그것을 언어로 내뱉지 않는다. 자신의 감을 믿지 않아서가 아니라 상대에 대한 배려 때문이다. 99% 내 '촉'이 맞다 할지라도 1%의 틀릴 가능성이 관계를 망쳐놓을 수 있다.

선입견이 들어간 '판단 언어'는 커뮤니케이션의 독이다

어릴 때 선생님과의 경험, 부모님과의 경험, 친구, 동료들과의 경험 속에는 많은 커뮤니케이션이 있다. 우리는 그 커뮤니케이션에서 비롯된 여러 인지 신호들을 갖게 된다. 그리고 이 신호들을 통계 내어 자신의 커뮤니케이션에 반영한다. '이건 기분 나쁠 때 들어오는 신호야.', '이건 기분 좋을 때 들어오는 신호야.', '이건 화가 났다는 신호야.' 등등. 이미 신호가 잡혀 있기 때문에 인간은 어쩔 수 없이 이를 바탕으로 커뮤니케이션할 수밖에 없다. 이런 커뮤니케이션 방식이 틀렸다는 말을 하고 싶은 게 아니다. 중요한 것은 이러한 신호들이 커뮤니케이션 대상에 대한 선입견으로 작용되지 않도록 각별히 유의해야 한다는 사실이다.

상대방의 표정, 말투, 분위기로 미루어 그에 대해 판단하고 확언하는 단어나 말로 해석을 해버려선 안 된다는 뜻이다. 나의 7번과 상대의 7번 신호는 분명 다를 수 있다는 사실을 받아들여야 한다. 커뮤니케이션이라는 것은 이 주파수를 맞추고 서로를 객관적으로 바라보는 과정이 바탕이 되어야 한다. 여기엔 오픈된 마인드, 객관적 시선, 경청의 태도가 필수다. 서로의 대화에 관심을 갖고 귀를 기울이되 상대가 하고자 하는 말을 충분히 이해하기 위해 노력해야 한다. 우리는 '경청'이 중요하다고 늘 강조하지만, 귀만 열고 있을 뿐 진짜 경청은 하지 않을지도 모른다. 선입견 없이 상대의 주파수를 있는 그대로 받아들이기 위해 노력한다면, 적어도 상대방의 말을 들을 때는 나의 주파수를 잠시 꺼둘 수 있다면 오해 없는 대화는 얼마든지 가능하다.

사실, 상대방에 대해 선입견을 갖고 자기만의 주파수로 커뮤니케이션을 하는 사람들은 어릴 때 가정환경의 영향을 받는 경우가 많다. "이건 이래서 이런 거야.", "이건 이거야.", "저건 저거야." 하고 부모가 대상에 대한 범위를 규정하고 좁히는 경우 아이들은 생각을 좁게 가질 수밖에 없게 된다. 언어 자체를 한창 인지해야 할 시기에 모든 것을 규정 지은 채 받아들이다 보니 자신의 틀 안에서 세상을 바라보게 되고 자신이 배우고 인지한 것과 다른 것을 보았을 때 절대 다른 방향에서 생각할 수가 없게 되는 것이다. 그래서 자신과 주파수가 비슷한 사람, 내가 가장 편한 사람, 인지 타입이 비슷한 사람들하고만 어울리게 된다. "나는 쟤랑 말이 잘 통해." 하면서 말이다. 실제로 가까운 인간관계는 그렇게 형성되는 경우도 많이 있다. 물론 이 역시 틀렸다는 것은 아니다. 그러나 더 넓은 커뮤니케이션을 해야만 하는 상황이 되었을 때 어려움을 겪을 수밖에 없다.

전문가 입장에서 볼 때 '판단 언어'는 커뮤니케이션의 독과 같다. 이 세상에 "저 사람은 A 모양의 D 같은 사람이다."라고 단순하게 규정될 사람이 있을까. 누군가에 대해 내가 인지한 것이 '사실'이라 믿고 상대방을 바라보며 대화하게 되면 분명 그 폭이 좁아지고 서로의 더 깊고 넓은 부분까지 넘나들지 못하게 된다. 가깝게 지내고 싶은 사람이라면, 혹은 그래야 하는 사람이라면 먼저 나의 주파수를 끄고 그 사람을 바라보려는 노력이 필요하다. 내 마음에 꿈틀거리는 '판단 언어'들이 있다 해도 그 사람을 충분히 알기 전까지는 잠시 접어두도록 하자. 이럴 때 야말로 말을 아낄 때다.

3초 코치

1. 모든 인간에게는 제각각 삶의 경험을 통해 만들어진 '인지 신호'가 있다.

2. 여기서 중요한 것은 '제각각 다른' 인지 신호를 가졌다는 사실이다.

3. 오픈된 마인드, 객관적 시선, 경청의 태도로 상대방의 이야기를 듣는다.

4. '너는 이렇구나.' 하는 판단 언어를 자제하고 있는 그대로의 상대를 받아들인다.

내 말 속에
'주관적 정보'가
있는지 체크하라

하얀색 몰티즈 한 마리가 지나간다. 강아지를 좋아하는 후배가 곁에 서서 걸어가다 강아지를 보고 말한다.

"어쩜 저렇게 뽀얗지."

"그냥 흰색 아니야?"

"그게 그 말 아니야?"

이 글의 제목을 바꾸어 말하면 내가 하는 말이 '객관적 정보'를 담고 있는지 체크하라는 뜻이다. 여기서 잠시 오해할 수도 있을 듯하여 이야기하자면, '주관적 정보'가 담긴 말로 커뮤니케이션을 하는 게 잘못되었다는 이야기를 하려는 게 절대 아니다. 누구나 자신이 느끼고 생각하는 바를 자유롭게 이야기할 권리가 있다. 세상에 단 하나밖에 없는 프리즘.

그건 바로 인간이다. 제각각 인간이 가진 다양한 시선을 통해 느끼고 받은 감성들을 자유롭게 표현할 때 인간의 삶은 더욱 풍성해진다. 우리는 그것을 '창의성'이라고 부르기도 한다.

객관적 정보가 핵심이 되어야 할 상황에서 주관적 정보가 담긴 언어를 사용했을 때 일어날 수 있는 상황이다. 보통 자신이 생각하는 것을 팩트라고 여기거나, 버젓이 팩트가 있는데도 불구하고 한쪽이 자신이 말하는 것을 팩트라고 우길 때 주로 분쟁이 발생한다. 솔직히 끝이 날 수 없는 게임인 셈이다. 제3자가 나타나서 "이 강아지는 하얗습니다. 잘 씻겨서 뽀얗게 보이네요." 하지 않는 이상 해결될 리 없지 않겠는가.

한번은 큰 행사가 있어 공연팀을 섭외했다. 리허설도 하지 않은 상태에서 시간이 임박했는데 공연팀이 도착하지 않은 것이다. 나는 담당자에게 "무슨 일이 있느냐."고 물었고, 담당자는 "거의 다 왔대요." 하고 대답했다. 물론, 그 팀은 30분이 지나서도 도착하지 않았고 결국 리허설 없이 공연을 해야 했다. 오던 길에 차에 문제가 생겼고 금방 해결될 줄 알았으나 지체되어 그렇게 되었다는 것이다. 나는 총괄 책임자로서 공연팀이 오지 않을지도 모른다는 생각에 다른 팀을 섭외해야 하나, 정 안 되면 내가 올라가 독창이라도 해야 하나 어째야 하나 전전긍긍했다. 겉으로 표는 안 냈지만 무척 애가 탔다.

공연 시간에 임박해 팀이 도착한 건 다행이었지만 마지막까지 "거의 다 왔답니다."라고 대답한 담당자에게 무척 화가 났다. 살다 보면 별일이 다 있을 수 있지만 문제는 이 상황이 정확하게 소통이 되지 않을 때다. 객관적 정보가 담기지 않은 언어는 이럴 때 늘 문제가 되곤 한다. 거창한 솔루션이 뭐가 필요하겠는가. 언제나 솔직함을 갖고 소통하는 것이다. 상황을 무마하려거나 내게 불리한 점을 무마하고자 하는 생각, 미움받거나 실망시킬 것에 대한 불안감을 모두 내려놓고 정확히 '펙트'를 담아 말하는 것이다.

보통 주관적인 언어를 많이 사용하는 사람은 상대방의 말도 주관적으로 해석하고 자기 식대로 듣는 경우가 많다.

언제나 솔직함이 기본이다

객관적 정보가 담긴 언어를 사용하지 못해 오해가 발생하는 경우는 이 외에도 무척 많다. '과장'도 객관성을 왜곡시키는 요인이 되곤 한다. 한 달에 서너 번은 야근하느라 12시가 다 되어서 들어오는 남편을 아내가 시어머니에게 고자질을 한다.

"이 사람 땜에 못 살겠어요. 저와 결혼하고 1년이 넘었는데 단 하루도

12시 전에 들어온 적이 없어요."

말하는 사람은 답답한 심경을 담아 약간의 과장을 보태 말했겠지만, 가뜩이나 야근으로 스트레스 지수가 높은 남편은 "내가 언제! 또 말 그렇게 하네! 엊그제도, 지난주에도 같이 저녁에 외식했잖아!" 하고 따지려 들 것이다. 그러면 아내는 "가뭄에 콩 나듯이 몇 번 그런 걸로 말하는 거야? 싫으면 하지 마. 그냥 아예 밖에서 자고 옷만 갈아입고 나가지 그래? 아니, 옷도 그냥 보내 줄까?"

이 글을 보고 웃고 있다면 한 번쯤은 이런 대화의 경험을 해보았다는 얘기다. 주관적 언어는 대화를 풍요롭게 하지만, 반드시 객관적 정보가 필요할 때가 있다. 약간의 과장이나 왜곡도 때로는 감정을 전달하는 데 도움이 되지만 어디까지나 상대방이 이를 불편하게 여기지 않았을 때다. 상대방이 이를 못 참거나 불편해하거나 곧이곧대로 듣고 이해하는 사람이라면 이런 주관적 언어로 이루어진 대화는 결과를 예상치 못한 것으로 끌고 가곤 한다.

앞에서도 말했지만 '정확성'이 무엇보다 중요한 시점의 커뮤니케이션에서는 내 정보에 주관이 섞이지 않았는지 반드시 체크하도록 하자. 아

직 버스 안이면서 "바로 앞이다."라고 말하면 기다리는 사람의 화만 돋

울 뿐이다.

1. '객관적 정보'가 중요한 대화에서는
'주관적 언어'를 자제해야 한다.

2. 대부분의 상황에선 '솔직함'이 기본이다.
'있는 그대로' 말하는 훈련이 필요하다.

3초 코치

상황에 대한 이해가
다르지 않은지
체크하라

커뮤니케이션을 할 때 특정 상황을 두고 이야기를 나누다 보면 매끄럽게 대화가 되지 않는 경우를 많이 보게 된다. 똑같은 상황도 받아들이는 사람의 해석에 따라 다르게 이해되고, 그 이해의 바탕으로 서로 의견을 주고받다 보면 서로 동의가 되는 부분도 많겠지만 충돌이 생기는 부분도 있기 마련이다. '왜 해석이 달라지느냐' 하는 점이다. 상황에 대한 이해도가 다른 이유는 '각자의 경험이 다르기' 때문이다. 경험의 폭도, 기간도, 횟수도, 그와 관련에 알고 있는 지식의 수준도 모두 다르다. 비즈니스에서는 특히 그렇다. 무역 일을 처음 하는 사람과 10년 동안 해온 사람이 바라보는 상황이 어떻게 똑같을 수 있을까. 이때 같은 이해도를 바탕으로 대화가 이루어지리라 기대해선 안 된다. 이때는 더 경험이 많은 사람이 경험이 부족한 사람에 대한 배려를 바탕으로 대화를 이어나가야 한다.

카페에 앉아 있는데 감미로운 음악이 흘러나온다. 피아노 클래식인 듯한데 익숙한 음악은 아니다. A가 생소한 멜로디를 따라 흥얼거리며 B에게 말한다.

"노래 진짜 좋다. 난 이런 피아노 클래식 좋더라."
"라자르 베르만 연주가 최고지. 역시 하루키는."
"그래? 응."

내가 볼 때 이건 대화라고 하긴 좀 그렇다. B는 A의 말에 대한 배려가 전혀 없이 자신의 생각을 던진다. 당연히 A가 이해했으리라 생각할 수도 있고, A가 이해하든 말든 자신의 생각을 말한 것일 수도 있다. 친구끼리 편한 대화를 나눌 때는 덜할 수도 있지만, 이런 상황이 비즈니스로 가게 되면 굉장히 많은 문제가 발생한다. 때때로 많은 사람들이 상대의 말을 잘 이해하지 못했음에도 '이해한 척'을 하며 넘어가거나 잘못 이해한 채로 넘어가 나중에 엉뚱한 결과물을 만들어내기 때문이다. 그것이 큰 손실을 가져오게 될 일이라면 어떻겠는가.

단순히 안다, 모른다의 개념을 넘어 특정한 상황이 닥쳤을 때 우리의 경험 수준은 그 상황을 받아들이는 특별한 렌즈가 되어버린다. '아는 만큼 보인다'는 말이 적당할 수도 있겠다. 내가 알고 이해한 수준으로 그 상황을 바라보기 때문에 그에 대한 결론도 다르게 날 수밖에 없다. 이럴 때 좋은 커뮤니케이션은 서로의 이해의 폭을 넓혀주는 역할을 할 수 있다. 경험의 폭이라는 건 넓고 좁은 것만 있는 게 아니다. 서로 교집합이 되는 부분이 있는가 하면 경험차가 짧은 사람이라 하더라도 다른 부분에 대한 경험을 조금 더 가지고 있을 수 있다.

따라서 서로를 배려한 커뮤니케이션은 주고받는 대화의 과정에서 훨씬 더 서로의 경험의 폭을 넓혀주고 풍성한 대화를 가능케 한다. 10년 차 선배도 1년 차 신입에게서 배울 점이 생기고, 1년 차 신입은 당연히 10년 차 선배로부터 귀중한 정보와 중요한 포인트 등을 알 수 있게 된다. 상황을 바라보는 새로운 관점을 얻게 되는 셈이다.

서로 이해한 내용이 같은지 센스 있게 체크할 것

서로 잘 알고 있는 내용, 비슷한 경험을 바탕으로 대화를 한다면 그 바탕 위에 굳이 쉽게 설명하려는 노력 없이 이야기를 나눌 수 있다. 상대방이 이 상황을 제대로 보고 있는지, 나와 이해한 것이 다르진 않은지 파악하려고 노력할 필요도 없다.

반면, 정보가 미흡하고 서로 경험이 다르다고 할 때는 좀 더 담백하고 쉬운 대화가 필요하다. 서로 이해한 것이 맞는지 센스 있게 확인하면서 넘어간다면 훨씬 질 높은 커뮤니케이션을 만들고 만족스러운 결과를 얻을 수도 있다.

듣는 사람도 주의해야 할 점이 있다. 현 상황을 파악하는 데 있어 나의 경험이 상대의 경험보다 부족해 이해도가 떨어지는 상황이라면 질문을 통해 이해도를 높일 수 있다.

"노래 진짜 좋다. 난 이런 피아노 클래식 좋더라."

"라자르 베르만 연주가 최고지."

"라자르 베르만? 이거 유명한 곡이야?"

"응. 리스트의 피아노곡 〈순례의 해〉 중 '향수'라는 곡이야. 무라카미 하루키가 자기 소설 《색채가 없는 다자키 스크루와 그가 순례를 떠난 해》에서도 이 곡에 대해 다루기도 했지. 느낌이 엄청 촉촉하지?"

"응. 내가 좋아하는 스타일이야. 차분하면서도 감미로워."

"맞아. 리스트 곡들이 대부분 그런데 나도 좋아해. 라자르 베르만이 연주한 곡이 최고 듣기 좋아."

"그렇구나. 그 버전으로도 한번 들어보고 싶네. 하루키가 쓴 《일인칭

단수》에도 하루키의 음악 얘기가 굉장히 많이 나와. 한번 읽어봐."

"그래? 흥미롭네."

"응. 재즈랑 클래식 얘기 많이 나와. 신선하더라."

경험의 폭이 다르고 알고 있는 것의 차이를 비교로 놓고 '부끄럽다'고 생각해버리면 우리의 커뮤니케이션은 매우 단편적으로 끝나버린다. 하지만 마음을 열어놓고 모르는 것을 물어보고 적극적으로 피드백을 주고받는 태도는 소통자들에게 매우 유익한 결과를 안겨준다.

실제로 나는 대화를 나눌 때 상대방이 내 얘기를 잘 못 알아듣는다고 느끼는데 질문을 해오지 않으면 물어본다. "이해 잘못하고 있는 것 같은데?", "너 잘 못 알아들었잖아." 나를 잘 아는 사람들은 나의 이런 말에 절대 기분 나빠하지 않는다. 물론 더 좋은 건 이 말을 하기 전에 상대방에게 이해 안 되는 점을 물어보는 것이다. 또 그보다 더 좋은 것은 같은 상황에 대해 경험의 차이가 있는지 캐치하려는 화자의 노력, 그리고 배려를 바탕으로 대화를 나누려는 자세다.

비즈니스에 있어서는 특히 연차가 크지 않을수록 이러한 배려가 부재한 경우가 많다. 1년 차와 10년 차의 대화에는 기본적으로 배려가 깔려 있게 되지만, 1년, 2년, 3년 차들이 모여 대화를 나눌 때는 오히려 그런 배려의 태도가 발휘되지 못한다. '으레 이쯤은 알겠거니' 생각하는 것도 있고 상대방의 경험 수준에 대해 아예 의식을 하지 못할 수도 있다. 그러나 이럴 때일수록 소소한 것을 놓치는 일로 인해 예상치 못한 결과를 만들어낼 수 있으므로 주의해야 한다. 특히 조직 안에서는 경험이 쌓일수록 사용하게 되는 전문 용어나 특정 어휘들이 있을 수 있다. 따라서 '당연히 나와 똑같이 이해했다'는 생각으로 일방적으로 말하지 않도록 노력해야 한다. 때때로 같은 용어도 그 의미가 다르게 이해되어 결과가 틀어지는 경우도 많이 있다.

일방적인 대화는 무조건 나쁘다. 그것이 때로는 한쪽에게 폭력적으로 다가가기도 한다. 폭력에는 반드시 피해자가 생긴다는 걸 우리는 잘 알고 있지 않은가. 커뮤니케이션에 있어서는 양측 모두가 될 수 있다는 점 또한 기억해야 할 부분이다.

1. 지금 함께 바라보고 있는 이 상황에 대한 이해도가 같을지 생각해보자.

2. 상대방의 경험 수준, 지식수준을 고려한 말하기가 필요하다는 것을 기억하라.

3초 코치

Part 2

상대를 내 편으로 만드는
대화 한 끗의 차이

딱 한 끗,

그것이 대화의 질을 다르게 한다

적당한 정적을
활용하고 있는지
체크하라

대화를 이어가는 말과 말 사이에는 적당한 간격이 필요하다. 그 간격 동안 우리는 생각을 하고, 상대의 말을 정리하고, 점검해볼 수 있다. 커뮤니케이션에 참여하는 모든 사람은 화자이면서 동시에 청자다. 말을 하고 듣는 과정에서 이해를 위한 시간을 갖는 것은 그 대화를 훨씬 질 높게 만들어준다. 좋은 글에도 적절한 띄어쓰기가 있고 쉼표가 있고 행간이 있지 않던가.

가끔 이 내용에 대한 코칭을 하면서 '최악의 프러포즈'의 예를 들곤 한다. 남자 D 군이 E 양에게 반지를 내밀며 이야기한다.

"나랑 결혼할래?"

그다음 멘트는 무엇이어야 할까? 나라면 아주 간단한 한 마디 정도를 건넬 것이다.

"완벽하진 않겠지만, 어떻게 하면 널 행복하게 해줄 수 있을지 늘 잊지 않고 고민할게."

그다음 무슨 말을 할 것인가. 아니, 틀렸다. 나는 아무 말도 하지 않을 것이다. 그리고 최대한 눈빛을 촉촉하게 만든 다음 상대의 눈을 쳐다볼 것이다. 내가 건넨 말을 충분히 음미할 기회를 건네는 것이다. 상대방이 차마 거절할 수 없을 정도로 최대한 그윽한 눈빛으로 하고픈 말들을 대신하면서 말이다.

하지만 최악의 프러포즈에 등장하는 D 군의 방식은 나와는 조금 다르다.

"나랑 결혼할래? 오빠가 널 위해 집도 좋은 집은 아니지만 그래도 최대한 우리 둘이 머물 만한 공간도 마련하고, 그리고 네가 싫어하는 설거지도 안 하게 해줄게. 내가 최대한 많이 해보겠다는 얘기야. 그리고 휴일엔 이것도 하고 저것도 하고, 아, 그것도 네가 싫다면 많이 고려해볼 거야. 가족계획 시간을 가질까? 그럼 그 시간을 통해서 우리가 해야 할 것들을 의논하고 가면 되겠다. 어쨌든 오빠 널 행복하게 해주기 위해 노력할 거야… 블라블라."

물론 이런 경우는 없겠지만 굳이 이 예를 드는 이유는 대화에 있어 정적이 얼마나 큰 역할을 하는지 강조하기 위해서다. 나는 사회를 보거나 회의를 주관하거나 혹은 코칭을 할 때조차도 이런 정적의 시간을 최대한 활용한다. 특히 중요한 계약을 따내거나 상대로부터 호감을 이끌어내고 싶을 때는 더욱 그렇다. 먼저 어필할 만한 내용을 명료하게 던진 다음 나의 매력 혹은 장점을 돋보이게 할 수 있는 문장 하나를 살짝 덧붙인 다음 질문한다.

"어때요, 괜찮지 않나요?"

그다음은 어김없이 정적이다. '정적'이 어색하다면 '포즈(Pause)'라는 단어로 대체해서 이해해도 좋다. 잠깐 멈춤. 그리고 상대의 얼굴을 쳐다본다. 상대는 몰아치는 내 말에 정신없는 선택을 하는 대신, 잠깐 멈췄다가 내 말을 충분히 이해한 후 선택을 하거나 일단 수용을 할 것이다. 결과적으로 '포즈'가 없다 해도 나는 다양한 방식으로 상대를 설득했겠지만, 이 정적의 시간으로 인해 상대는 자신이 충분히 생각한 후 선택했다는 느낌을 가지게 된다. 자신이 무엇을 선택했고 구체적으로 어떤 부분이 마음에 들었는지를 스스로 인지했음은 물론이다.

정적이 필요 없는 경우도 물론 있다

정적이 없어야 나은 경우도 있다. 텔레마케터들의 전화를 받아보았을 것이다. 그들은 상대가 말할 틈을 주지 않고 바로 본론으로 들어간다. 그리고 그게 상대에게 정말 필요한 것이든 아니든 간에 일단 일방적으로 쉼 없이, 절대 멈추지 않고 설명을 늘어놓는다.

"이 보험은요, 아이들이 어렸을 땐 모르지만 중학교에 입학하게 되면 필요한 모든 것을 지원하기에 정말 없어서는 안 될 필수적인 상품입니다. 대부분의 가정에 하나씩은 있죠. 어떤 분들은 서너 개씩 준비를 하기도 해요… 블라블라."

"저… 애가 없는데요. 결혼도 안 했고요."

"아, 네. 죄송합니다. 짤깍."

홍보나 상품 판매를 위해 상대를 설득할 경우에는 이런 방법을 주로 사용한다. 전문적으로 이야기하자면 '상대방의 선택을 대신해주는' 방식이다. 예를 들어 두 개의 선택지가 있는데, 그중 무엇을 선택할 것인가를 생각하게 하지 않고 이미 '이 상품이어야만 한다'는 가정하에 그 상품이 왜 좋은지를 전달하는 것이다. 사기꾼의 커뮤니케이션도 마찬가지다. 상대방의 이해를 원하지 않는다. 이해하지 않는 편이 낫다. 곱씹어보다 잘 모르겠거나 되물어봐야 할 것을 점검하게 해주는 것이 '정적을 두는 대화'의 포인트인데, 사기꾼에게 이런 시간이 왜 필요하겠는가. 오히려 허점만 들킬 뿐인데.

무엇보다 내 말을 충분히 이해시키고 싶다면 적절한 타이밍에 적절한 정적을 두어라. 이것이 상대방이 충분한 이해를 할 수 있게 해주고, 올바른 선택을 하게 만들어준다. 진짜 말을 잘하는 고수들은 나름의 체크리스트를 갖고 물어보기도 한다.

"이러이러한 부분, 이해하셨어요?"

"이 말은 좀 이해하기가 어려울 수 있는데 혹시 추가적인 질문이 있으면 저한테 다시 물어보셔도 됩니다."

컨설턴트들이 주로 하는 대화법인데, 그들은 주로 세 개의 선택지를 제시한다. 그중 보통 두 개가 진짜고 나머지 하나는 있으나 마나 한 선택지다. 결국, 상대의 피드백에 따라 두 개를 선택지를 남기는 것처럼 한 다음 마지막으로 선택한 것이 '최상'이라는 이미지를 심어주며 이야기가 마무리된다. 목표는 문제해결이니까. 컨설팅 의뢰자는 자신이 선택한 것이 "최선."이라고 여기며 돌아가게 될 테지만 그 내용이 충분히 이해가 되었는가 하는 것은 또 다른 문제다.

상대로부터 좋은 선택을 이끌어내고 내용까지 숙지하게 만들려면 역시 '정적'이 필요하다. 이야기를 하는 도중에 잠깐씩 나의 상태를 점검하라. 그리고 잠시 '포즈' 버튼을 눌러라. 상대방에게 시간을 주는 것이 고수의 대화법임을 잊지말자.

1. 내 얘기를 충분히 이해시키고 싶다면 반드시 정적을 활용하라.

2. 문장과 문장, 하나의 이야기 덩어리와 덩어리 사이에 정적을 두어 상대방이 이해하고 있는지를 체크하라.

3. 나만의 체크리스트를 마음에 두고 센스 있게 점검해나가는 것도 도움이 된다.

3초 코치

귀에 쏙쏙 들어오는 말은
길이부터 다르다

사람이 한 번에 바로 이해할 수 있는 문장의 길이. 즉, 문장 안에 들어가는 글자 수는 몇 개일까?

"안녕하세요. 박민우입니다."

총 11글자다. 11글자를 넘어가면 그 이후 이어지는 내용에 대해서는 정확히 인지하기가 힘들다. 조금 바꾸어 말하면, 이 정도 길이가 한 문장으로 이해하기에 가장 편한 길이라는 의미다. 그렇다고 우리가 말을 할 때 꼭 11글자로 된 문장만 구사할 수는 없는 법이다. 그럴 때는 앞에서 말한 체크포인트 8을 활용해볼 수 있다. 즉, 정적을 두는 것이다.

앞에서 말한 정적은 꼭 단락과 단락, 문장과 문장 간의 정적만을 의미하는 것은 아니다. 만약 말이 많이 길어질 수밖에 없는 상황이라면 대략 11글자 사이에 아주 잠깐의 정적을 두어보자. 듣는 사람에게 무척 편안한 전달법이 될 수 있다. 짧게는 1초, 길게는 3초까지 정적을 두어도 괜찮다. 끊어 읽기의 효과를 주는 것이다.

이것은 일종의 메아리 효과를 이용한 대화법이다. 내가 "안녕하세요?" 하고 말을 건네면 상대는 그 말을 "안녕하세요." 하고 이해한다. 상대가 다시 "네. 잘 지내셨어요?" 하고 돌려주면 그 말 역시 메아리가 되어 내 머릿속에서 "잘 지내셨어요?" 하고 울리고, 다음 말로 넘어갈 수 있게 된다. 말을 주고받는 과정에서 약간의 끊어 읽기를 하는 것은 서로의 말을 훨씬 더 머릿속에 잘 담은 상태에서 대화가 연결될 수 있도록 해준다.

한 번에 하나의 정보, 그리고 정적을 활용하라

우리가 기억해야 할 것은 커뮤니케이션의 고수는 결국 짧고 명료한 문장을 사용한다는 점이다. 그들은 보통 주어, 동사, 목적어를 중심으로 한 정확한 구조의 문장에 덧붙이고 싶은 말을 살짝만 더해 문장의 이해를 돕도록 한다. 우리가 배운 것을 응용해보자면, 하나의 문장 속에 여러 개의 정보를 담지 않는 것도 도움이 된다. 말 속에 정보가 적을수록 훨씬 효율적으로 전달된다는 얘기를 한 바 있다. 즉, 가능한 한 문장을 간결하게 만들라는 뜻이다. 짧은 문장 속에 여러 개의 정보가 담기기는 힘들다.

"나는 박민우입니다. /

관계에서 성공하고 싶은 분들 /

상대를 좀 더 잘 설득하고 싶은 분들 /

탁월한 커뮤니케이션 능력으로 직장에서 인정받고 싶은 분들. /

주로 이런 분들에게 코칭을 해주고 있습니다. /

대화 방법에서부터 보이스 트레이닝까지 /

커뮤니케이션의 모든 것을 잡아드립니다."

한 번에 하나의 정보를 담고, 그 사이에 적절히 정적을 두어서 상대방의 이해를 돕는 것. 우리가 흔히 "그 사람 말은 진짜 귀에 쏙쏙 들어오지 않아?"라고 하는 사람들은 주로 이런 방법을 사용한다. 잘 들어보라. 유명한 강사의 말은 한 문장이 그리 길지 않다. 어느 강연에서 이런 말을 들은 적이 있다.

"맞아요. 누구나 그렇습니다. 우리에게 힘들게 한 사람. 나도 똑같이 되갚아 주고 싶지요. 하지만 그러고 나면 마음이 편할까요? 그렇지 않을 것입니다. 정말 마음이 무너질 때. 그것이 특정 누군가로 인해서일 때. 우리가 가장 먼저 해야 할 것. 그것은 그 사람을 미워하는 것이 아닙니다. 바로 내 마음을 안아주는 것입니다. 나 스스로 말이죠."

적절한 끊어 읽기 가운데 11글자를 넘어가는 말은 별로 없다. 아주 어려운 역사 이야기를 잘 풀어서 설명해주는 교수님들의 강의가 지루하지 않다고 느껴진다면, 그분이 어떤 지점에서 끊어 읽는지를 귀 기울여 들어보라. 아마도 11글자를 넘지 않는다는 걸 캐치할 수 있을 것이다.

누군가에게 '쏙쏙 잘 들리는' 대화로 리드를 하고 싶은가? 호감을 사고 싶은가? 의도를 잘 전달하고 싶은가? 그런데 생각처럼 잘 안 되고 있다면. 그렇다면 지금 내가 구사하는 문장의 길이를 점검해보라. 아마도 11글자를 훌쩍 넘기고 있을 테니.

1. 가장 편안하게 들리는 문장의 글자수는 11글자다.

2. 한 문장에 하나의 정보만을 담도록 노력하라.

3초 코치

3. 긴 문장을 여러 개 연결해야 한다면 11글자 사이에 정적을 두어 쉽게 들리도록 하라.

말의 뉘앙스를
체크하라

"와! 배우 문소리 닮으셨어요!"

"아… 그래요?"

몇 년 전 한 모임에서 새로운 사람을 만났을 때의 대화였다. 나름 친밀감을 표현하기 위해 건넨 말이고, 정말 그분은 배우 문소리 씨와 겉모습이 많이 닮았다. 개인적으로 문소리 씨가 무척 매력적인 여성이라고 생각하던 나였기에 이 말은 나름 칭찬이 듬뿍 담긴 표현이었다. 그런데 내 말을 들은 상대방의 표정이 별로 좋지 않았다. 나중에 친한 누나들과 이 얘기를 나누었을 때 누나들이 나에게 "이 눈치 없는 녀석"이라며 면박을 주었다. 문소리는 분명 훌륭한 배우이지만 배우들 사이에서는 그리 뛰어난 미인으로는 손꼽히지 않는다는 것이었다. 그래서 일반인들도 '연기력 있는 배우'라고 하지 '예쁜 배우'라고 하지는 않는다는 것이다. 일반인에게 배우 문소리 씨를 닮았다고 하는 게 '예쁘다'거나 '매력적이다'라고 전달되긴 힘들었단 뜻이다. 나중에 안 사실이지만 실제로 인터뷰에서 문소리 씨는 스스로 "나도 안 예쁜 거 안다."고까지 소탈하게 이야기했다고 하는데, 솔직히 내 눈에는 외모 역시 무척 매력적으로 느껴진다.

'말의 뉘앙스를 체크하라' 역시 상대방에게 맞춘 커뮤니케이션이 솔루션이 될 수 있다. 같은 단어, 같은 말이라도 상대방의 어떤 사람에게는 아무렇지 않고, 어떤 사람에게는 특정한 감성이나 기분을 건드릴 수 있기 때문에 내가 하는 말이 상대를 불편하게 하지 않는지 체크가 필요하다. 혹시 별 의도 없이 말하는데 유독 "왜 그런 식으로 말하느냐."는 소리를 자주 듣는 편이라면 반드시 점검해봐야 한다. 상대가 가진 인지 신호, 그 사람이 가진 특별한 경험에 비추어볼 때 내가 하는 말이 의도와는 다른 뉘앙스로 들릴 수 있다는 점을 말이다.

예를 들어, 주말에 쌍꺼풀 수술을 하고 온 친구에게 이렇게 말했다고 하자. "오, 돈 좀 썼나 봐?" 그러면 "괜찮아?", "티 많이 나?" 하고 답하는 사람이 있는가 하면 "꼭 그렇게 말해야 속이 시원하지?" 하거나 그냥

"응." 하고 답하며 언짢아하는 사람이 있을 것이다. "돈 좀 썼다."는 데 대해 어떤 감정을 갖고 받아들이느냐에 따라 반응이 달라지는 것이다.

또 영화 보러 가자고 말하는 동료에게 "요새 외롭나 봐요."라고 생각 없이 건넨 말에 "영화는 됐고, 술이나 한잔해요. 요새 연애 안 하니까 외로움이 뼛속까지 파고드네요. 그러지 말고 소개 좀 시켜줘 봐요." 하고 말하는 사람도 있겠지만, "외롭긴 누가 외로워요!" 하고 반응할 수도 있다. 사실 이런 예는 수도 없이 들 수 있다.

이렇게 누군가에게는 아무렇지 않게 사용될 수 있는 단어나 문장, 표현들이 누군가에게는 굉장히 자극이 될 수 있고, 감정을 건드릴 수 있고, 다른 뉘앙스로 해석하게 만들 수도 있다. 극단적으로는 한쪽이 다른 한쪽에 대해 굉장히 폭력적으로 말하는 것처럼 들리게 할 수도 있다.

지금 내가 하는 말이 상대방에겐 어떤 뉘앙스일까?

소통의 달인들은 상대와 이야기를 나눌 때 이 점을 반드시 기억한다.

"이럴 수도 있고, 아닐 수도 있다."

즉 나에게 아무렇지 않은 이 말이 어떤 사람에게, 또 어떤 그룹 안에서는 독이 될 수 있다는 사실을 알고 있다. 내가 사용하는 단어가, 내가 아무렇지 않게 하는 이 표현이 상대에게 어떤 의미로 다가갈지 다 아는 채로 대화를 시작하는 사람은 없다. 따라서 커뮤니케이션의 고수들은 열어놓고 대화를 시작한다. 이 단어가 상대에게 좋게 들릴 수도, 또 아닐 수도 있다. 또 이 말은 대부분에게는 그냥 지나칠 수 있는 단어이지만 누군가에게는 특별한 의미로 다가갈 수 있다. 이런 점들을 오픈해놓고 대화를 이끌어가는 것이다. 따라서 내가 하는 위로가 누군가에게는 화를 돋울 수도 있고, 좋은 뉘앙스로 한 말이 누군가의 마음을 불편하게 한다 해도 그것을 당연하게 받아들인다.

물론, 상대방의 경험이나 성향이 아니라 뭔가 꼬여 있어서 그렇게 반응하는 경우도 있다. 그런 사람과 어쩔 수 없이 대화해야만 한다면 많은 배려가 필요하다. 어떤 이유로 지금 기분이 상해 있는데 내가 하고 싶은 말을 꼭 지금 다 건네야 할 필요는 없을 테니 말이다. 또 딴에는 배려를 한다고 생각하며 말을 건네는데도 자주 이런 소통의 불협화음이 발생하는 관계라면 그 관계를 지속할지에 대한 고민도 필요하다. 내가 하는 말이 자꾸 그를 긁는 것밖엔 되지 않을 테니까.

서로가 가진 주파수를 맞추기 위해 최대한 노력하지만 결국 그 간격이 좁혀지지 않는다면 어쩌겠는가. 소통의 달인은 이런 상황조차도 상대의 과거와 현재의 상황을 고려해가며 원활한 소통을 이끌기 위해 노력하겠지만. 쉽지는 않다. 서로 외계어를 쓰는 것과 마찬가지일 테니 말이다.

좋은 화자만큼이나 '좋은 청자'가 되어야겠다고. 상대를 배려하는 것은 말하기에만 해당하는 것은 아니다. 듣는 사람은 말하는 이가 사용하는 단어에는 그 사람만의 뉘앙스가 담겨 있음을 인정해야 한다. 그래야 쓸데없는 오해를 최소화한 채 대화가 원활해진다. 모든 말에는 뉘앙스가 있다. 그러나 이는 말 그대로 '뉘앙스'다. 어떤 감정, 의미가 담겨 있는지는 말한 사람만이 정확히 알고 있다. 듣는 이에게 그걸 '당연히' 받아들이라고 하는 건 폭력이겠지만 적어도 그가 나에게 다른 뉘앙스를 고의적으로 담고 전달하지 않았다는 사실만은 이해해줄 필요가 있을 것이다.

1. 조직 안에서는 이성적 언어를 공통의
   언어로 사용한다.

2. 상대방이 잘 이해하고 있는지 자주
   체크한다.

3초 코치

3. 내가 자주 사용하는 단어를 리스트업하여
   소통 시 조절해 사용한다.

Check Point 10.

커뮤니케이션
관계지도란?

다음 칸에 최근 나와 가장 중요한 혹은 밀접한 관계에 있는 사람들의
리스트를 10명에서 20명까지 나열해보자.

다 적었다면 다음 그림을 한번 완성해보자. 가운데 '나'를 중심으로 위에 적은 리스트 속의 사람들을 좌표에 표시해보는 것이다. 좌표는 1에서 10으로 되어 있다. 그 사이 적절한 곳에 그 사람과의 거리를 표시해본다. 나의 주관적인 의견이 많이 포함될 수밖에 없지만 그럼에도 불구하고 최대한 객관적으로 그려본다.

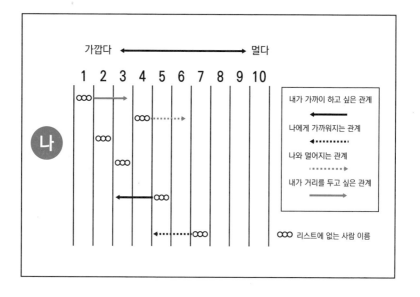

위에 그린 이 표를 우리는 '커뮤니케이션 관계지도'라고 한다. 즉, 각 좌표에 있는 사람들마다 나와 커뮤니케이션하는 방식이 다르다는 것을 알 수 있을 것이다. 혹은 달리 말해 내가 커뮤니케이션을 하는 방식에 따라 지도 위의 각 사람 좌표가 다르다는 것을 알 수 있다. 이 표는 커뮤니케이션을 떠나서라도 내가 주변 사람들과 어떤 거리의 지도를 갖고 있는지를 한눈에 확인할 수 있는 좋은 지표가 된다.

우리에게 이 좌표가 필요한 것은 각 사람들과의 관계를 변화시키고 싶을 때다. 좌표에 있는 사람 중 누군가를 좀 더 나에게로 당겨오고 싶다는 바람을 가질 수 있다. 또 누군가는 좀 거리를 두고 싶다는 생각을 하기도 한다. 이때 전략적 커뮤니케이션이 필요하다. 실제로 회사의 대표들을 코칭할 때 이 부분에 대한 요청이 많이 들어온다. "부하직원 중 어떤 팀 혹은 특정 누군가와 거리가 잘 좁혀지지 않는데 어떻게 소통해야 하나요?" 하는 것이다.

이 지도는 실제로 조직 안에서 소통을 원활하게 하는 데 많은 도움이 된다. 대표자뿐 아니라 각 조직의 관리자들은 위아래 조직원들 모두와 원활한 소통을 하고 싶어 한다. 유난히 멀리 있는 사람이 있다면 그 사람과 기존의 커뮤니케이션 방식을 놓고 좀 더 고민하고 신경 쓸 수 있게 된다. 조직관리에 대한 컨설팅이 들어올 때 내가 가장 먼저 하는 작업도 이것이다. 그러면 잘 지내고 싶은 사람들일수록 현재 지도상 나와 멀리 있다는 사실을 알게 된다.

고수들은 관계를 나 중심으로 조절할 수 있다

　이렇게 커뮤니케이션 관계지도가 나왔다면 여기서 한 걸음 더 나아가 볼 수 있다. 이 내용은 비즈니스 쪽에서 좀 더 유리하게 적용될 수 있지만 가족이나 기타 모임 등 충분히 다른 그룹 안에서도 활용이 가능하다. 특히 비즈니스 관계에 있어서는 이렇게 관계지도를 조금 더 응용해서 그려볼 수 있다. 즉, 표를 두 개를 만든다. 같은 리스트를 토대로 하나는 비즈니스 관계지도, 또 하나는 개인 관계지도로 그리는 것이다.

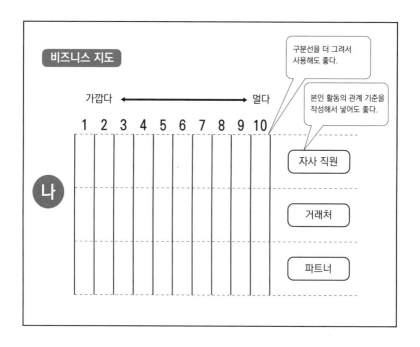

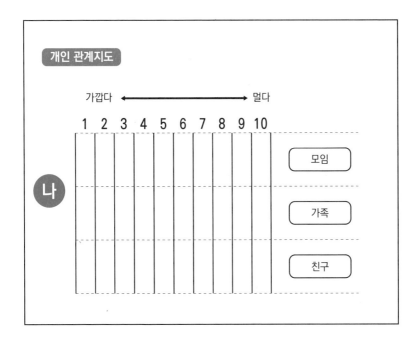

그러면 두 개의 지도가 다르게 표시되는 사람이 있을 것이다. 예를 들어 A라는 사람은 비즈니스 관계에선 7인데 인간관계에서는 1일 수 있다. 형, 동생 하며 술은 잘 마시지만 일을 할 때는 유독 잘 부딪히거나 문제해결이 원활하지 못하다. 그렇다면 이 두 관계지도의 폭이 넓은 것이 소통이 잘 안 되는 원인이 될 수도 있으므로, 비즈니스 관계를 좁히는 데 조금 더 신경을 쓸 수 있을 것이다.

이 지도가 필요한 것은 내가 맺고 있는 관계를 나 중심으로 유리하게 조절할 수 있다는 데 있다. 관계 정리가 유독 잘 안 되고, 뒤죽박죽 얽혀 있는 사람에게는 한 번쯤 정리할 수 있는 기회가 되어줄 수 있다. 유명한 미국 드라마 〈프렌즈〉를 보면 매일같이 보고 지내는 친구들이지만, 정작 '챈들러'라는 친구가 무슨 일을 하는지는 전혀 모르는 장면이 나온다. 아마도 이들은 인간관계는 1이지만 비즈니스 관계는 10 정도일 것이다. 나 역시 친척들은 내가 정확히 무슨 일을 하는지 모른다. 그러나 그들과는 언제든 만나 아주 깊은 인생의 대화를 나눌 수 있다. 이 관계 지도는 철저하게 나의 선택에서 비롯된 것이다. 친척 중 누군가와 비즈니스를 해야 할 일이 생긴다면 그 관계 지표를 좁히기 위한 노력을 시작할 것이다.

누구든 상대방에 의해 일방적으로 규정되는 관계를 좋아하지 않는다. 내가 원하지 않는 관계의 지도가 형성되어 있다면 그것을 바꾸기 위한 노력을 시도해볼 수 있다. 그러나 알지 못한다면 그저 머리만 복잡하고, 얽혀 있는 관계, 불편한 소통으로 힘들기만 할 뿐이다. 고수들은 모든 관계를 자기중심으로 노련하게 요리한다. 이는 부정적인 의미가 아니다. 그만큼 커뮤니케이션에 신경을 쓰면서 관계를 해나간다는 것이다.

누군가와 거리가 멀어졌다면 그와 나누었던 소통을 점검해보는 게 필

수적이다. 지나치게 가까워 피곤한 경우에도 마찬가지다. 이런 기술이

자유로워진다면 커뮤니케이션의 고수가 되는 건 시간문제다.

3초 코치

1. 모든 사람에게는 커뮤니케이션 관계지도가 있다.

2. 커뮤니케이션의 고수는 자기를 중심으로 관계를 조율할 줄 안다.

3. 관계 거리를 점검하고 전략을 세운 다음 커뮤니케이션하라.

Check Point 11.

상대방의 말을
앵무새처럼
활용하라

말을 잘하는 사람의 특징 중 하나는 상대방이 하는 말을 내가 잘 활용한다는 것이다. 심지어 어떤 고수는 제스처까지도 비슷하게 사용하곤 하는데, 효율적인 제스처와 관련한 이야기는 뒤에 가서 좀 더 구체적으로 하겠다. 우선 상대방의 말을 잘 활용한다는 건 상대방이 사용하는 언어를 내가 같이 사용함으로써 이해를 돕는다는 의미다.

나의 경우, 대화를 시작해 어느 정도 무르익으면 상대방이 어떤 단어를 자주 사용하고 어떤 억양, 어떤 톤으로 이야기하는지 40개 정도의 정보를 캐치할 수 있다. 나는 상대방이 자주 사용하는 것과 비슷한 단어를 쓰고 그에게 익숙한 억양과 말투로 앵무새처럼 다시 사용해 리액션을 하곤 한다. 앞에서 말했듯 제스처까지 거기에 보태게 되면 상대방은 훨씬 친근감을 느끼며 내 얘기를 듣는다. 호감도는 당연히 올라간다. 자신이 사용하는 커뮤니케이션 방식이기 때문이다.

일반인도 훈련을 하면 5~10가지 정도는 충분히 캐치를 할 수 있다. 이 방법은 특히 동업이나 계약, 프로젝트를 따내야 할 때 매우 유리하게 적용해볼 수 있다. 너무 똑같이 따라 하거나 자신의 개성을 다 없앤 채 상대방만을 의식한 대화를 구사한다면 그건 '사기꾼'에 가깝다. 상대방이 '내 말을 잘 이해하고 있구나.' 하고 느낄 정도면 된다. 그럴 때 상대방은 자신의 이야기를 더 많이, 더 깊이 끄집어내게 된다. 즉 상대방의 말투와 억양, 톤, 자주 사용하는 단어를 활용하는 대화는 상대방의 이야기를 더 많이 이끌어내는 효과를 낼 수 있다.

상대의 마음을 열고 싶다면

코칭을 하다 보면 쉽게 누구에게 말하기 힘든 사연이나 자기만의 고민을 안고 오는 경우가 많다. 내가 제법 푸근하게 느껴지는 얼굴과 목소리를 갖고 있는 건 사실이지만 그렇다고 처음 보는 사람 앞에서 자기 얘기를 전부 다 꺼내놓기는 쉽지 않다. 내가 노련하게 질문을 던지더라도 쉽게 꺼내고 싶지 않은 정보는 요리조리 피해 가기 십상이다. 그때 내가 상대가 하는 말을 앵무새처럼 따라 해주거나 비슷한 표현으로 대답해주면 상대방은 나에게 신뢰를 갖고 마음을 열게 된다. 그리고 조금씩 자신의 마음을 터놓기 시작한다.

"어쩜… 정말 사람들이 너무 이기적인 것 같아요. 가끔은 정말 미친 소리들을 하는 것 같아요. 어쩜 그럴 수가 있지? 내가 이해했는지 안 했는지 파악도 안 하고 마구 떠들어요. 그래놓고 대답을 똑바로 해내라니. 내가 문제가 있는 걸까요."

"세상에. 저도 그럴 때가 많아요. 분명 나는 이렇게 말했는데 대답은 어쩜… 그 사람들은 생각도 없이 마구마구 떠드는 거죠. 너무너무 답답해요."

"그러니까요. 며칠 전에는요…."

이때 중요한 건 나의 고유성을 잃지 않는 것이다. 초반에는 이렇게 말을 끌어냈지만 결국 나는 이 사람이 매우 꼼꼼한 성격이라는 걸 파악했고, 상대방이 두루뭉술하게 말하는 걸 용납하지 못한다는 걸 알아챘다. 그래서 그에 대한 매우 세세한 피드백을 차근차근 체계적으로 해주었다. 물론 결과는 매우 좋았다.

이런 방법은 상대방의 말에 대한 '경청' 없이는 불가능하다. 앵무새처럼 따라 하기 위해서는 상대방의 말을 제대로 듣기 위해 귀를 쫑긋 세워야만 한다. 어떤 말투, 억양, 단어를 사용하는지 대충 들어서 어떻게 알겠는가. 한 가지 팁을 보태자면 유머 역시 상대방이 자주 하는 표현을 같이 해주면 효과가 매우 좋다. 호감을 사고 싶거나 상대방의 마음을 열고 싶은 자리가 있다면 꼭 한 번 해보길 바란다.

3초 코치

1. 대화를 할 때 상대방의 말투, 억양, 자주 쓰는 단어를 적절히 사용하라.

2. 상대방의 마음을 열고 신뢰와 호감을 줄 수 있다.

3. 이 방법은 경청의 태도에서 시작된다.

Check Point 12.

때때로 제스처가
말보다 전달력이
뛰어나다

커뮤니케이션 코칭에는 언어적인 것뿐 아니라 비언어적인 것까지 모두 포함된다. 때때로 언변은 뛰어나지만 몸동작이 어색하거나 서툴러서 혹은 좀 더 탁월한 커뮤니케이션을 위해 제스처를 따로 배우기 위해 오는 사람도 생각보다 많다. 소위 '커뮤니케이션의 달인'이라 불리는 많은 코치들이 '오픈된 손동작을 하는 게 좋다.', '이럴 때는 이 정도의 움직임이 좋다.', '이런 자리에서는 동선을 최소화하라.' 등의 답안을 가지고 가르친다. 그중 상당 부분은 매우 큰 효과를 발휘하기도 한다. 그러나 꼭 그것이 정답이라고 할 수만은 없다.

커뮤니케이션에 비언어적 표현이 적용되는 예는 많지만 크게는 발표처럼 앞에 나가서 말을 해야 할 때 필요하다. 또 개인적인 대화 내에서도 소소한 제스처의 활용이 필요하다. 생각보다 많은 사람이 자기도 모르게 비언어적인 표현을 대화에 사용하고 있다.

발표를 해야 하는 경우 대상이 몇 명인지 얼마나 큰 장소인지 또 어떤 내용의 발표인지 또 목적이 무엇인지에 따라 활용할 수 있는 비언어적 표현의 종류와 사용법이 달라진다. 청중 앞에서 발표를 할 때 시선은 어디로 향하며, 몸을 움직이되 어떤 방향으로 얼마만큼 움직일 것인지, 팔을 벌릴 때는 어느 정도가 좋은지 등이 달라질 수 있다. 이런 면밀한 부분에 별로 신경 쓰지 않는 사람들은 보통 습관적으로 지닌 동작들을 사용한다. 커뮤니케이션을 따로 배우지 않았는데도 타고난 자질이 좋은 사람들은 이 습관들조차 긍정적 영향을 발휘한다.

그러나 그러지 않은 경우 의식하지 못한 사이 튀어 나가는 동작들이 대상과의 커뮤니케이션에서 특별한 영향을 미칠 때가 있다. 내가 의도하든 안 하든 상대가 이것을 의미 있게 받아들이는 경우, 그것이 긍정적 효과를 발휘할 때도 있지만 잘못 이해되어 오해를 불러일으키기도 한다.

개인 간의 소통에 있어 제스처 사용에 대해 이야기를 해보고자 한다. 언어 장애를 가진 형이 있는 방송인 신동엽 씨는 어릴 때부터 수화를 한 영향을 받았는지 손동작이 매우 자연스럽다. 생각보다 우리가 가장 자주 쓰는 것이 손동작인데 잘 쓰기만 하면 내가 말하고자 하는 바에 부가적인 도움이 될 수 있다. 물론, 반대되는 경우도 많다.

대화할 때 유독 옆에 있는 사람의 어깨나 팔을 잘 건드리는 후배가 있다. 술을 마시면 유독 그 습관이 잘 나오는 터라 초기에는 옆에서 함께 술을 마시는 친구들이 '혹시 나에게 관심이 있나.' 하는 오해를 자주 사곤 했다. 또 자기도 모르게 자주 삿대질 비슷하게 손가락을 사용하는 사람도 있다.

제스처는 말하는 사람에게만 있는 게 아니다. 지인 중에는 타인의 이야기를 들을 때 팔짱을 낀 채 듣는 사람이 있다. 커뮤니케이션에 고민이 있다고 나를 찾아왔을 때 '말을 저렇게 잘하는데 무슨 문제가 있을까' 싶었는데, 내 얘기를 듣는 모습을 보니 그 동작이 문제구나 싶었다. 실제로 팔짱을 끼는 태도는 '의도적으로 더 얘기를 듣고 싶지 않다'는 뜻을 표현하기 위해 사용하는 비언어적 표현이기도 하다.

작년까지만 해도 나의 몸무게는 130kg이었다. 그리고 6개월간의 다이어트 후 지금은 89kg이 되었다. 그때는 항상 배가 나와 있었기 때문에 사람들과 있을 때 배 위에 손을 얹은 채 그들의 이야기를 들을 때가 많았다. 나는 그 자세가 무척 편안하게 느껴져 그랬는데, 이런 제스처는 상대방에게 '내게 더는 다가오지 마.'라는 의미로 받아들여지는 경우가 많다고 한다. 지금은 나온 배 자리에 복근이 생겨 이 습관이 자동적으로 고쳐졌지만, 이처럼 나는 의식하지 못하지만 상대방에게는 다른 의도로 전달되는 비언어적 표현이 있다.

또 친구 중에는 말할 때마다 코를 훌쩍이거나 자주 코를 만졌다. 알고 보니 비염이 있어서 그랬다고 하지만 그 작은 습관 때문에 신뢰를 잃을 때도 많았다고 한다. 비언어 표현을 분석하는 사람들에 따르면 코를 자주 만지는 사람은 거짓말을 하고 있을 가능성이 크다고 한다.

제스처도 결국 상대방을 고려해야 한다

얼마 전 자주 고민 상담을 하는 친구가 무척 속이 상한다며 일화를 하나 털어놓았다. 자신의 새 남자 친구를 소개하기 위해 언니 커플을 만났다. 식사가 다 끝나기 전에 형부 될 사람에게 급한 일이 생겨 그가 먼저 일어나야 하는 상황이 생겼다. "미안하다."는 말을 남기고는 급히 나가면서 형부는 테이블 위에 자신의 카드를 '툭' 던져놓고 갔다. 그 자리에선 별말 하지 않았지만 돌아오는 길에 새 남자 친구가 무척 언짢아했다는 것이다. "사람 무시하는 것도 아니고 말이야." 하면서.

언니에게 조심스레 그 말을 꺼내자 "어머, 아니야, 얘! 그 사람 원래 좀 그런 부분에서 무심해. 뭐든 툭툭 잘 던지고, 말할 때도 상대방을 가리키거나 손사래를 치거나 그런 거 잘해. 기분 나빠 하지 마."라고 말했다고 한다. 그래서 오해는 풀렸지만 기분이 곧바로 나아지진 않더라는 것이다. 아마 앞으로 다시 만나게 된다 하더라도 다시 그런 행동을 한다면, 특별한 의미가 없다는 걸 알면서도 받아들이기가 마냥 쉽지만은 않을 것이다. 그다지 효율적인 커뮤니케이션이라고 보기는 힘들다.

결국 여기서도 '상대를 고려한' 커뮤니케이션이 솔루션이 된다. 모든 상황에 있어 내가 무의식적으로 사용하는 제스처들이 상대방에게 어떻게 전달되고 있는지 한 번쯤은 체크해볼 필요가 있다. 방법으로는 실제로 거울을 보고 말을 해보거나 대화 상황을 녹화해보는 방법이 있다. 혹은 다른 사람들에게 물어보는 것도 방법이다. "글쎄. 별거 없는데, 왜?"라고 대답할 사람 말고 비교적 냉철하게 나에 대해 말해줄 수 있는 사람이 좋을 것이다.

주로 상대방의 경청을 잘 이끌어내지 못하는 사람은 좋지 않은 제스처를 가진 경우도 많다. 그것을 고치지 않으면 장점보다는 단점이 대화 속에 더 두드러질 수 있기에 관계에서 마이너스로 작용할 것이다.

예전에 TV 오디션 프로그램에서 한 아이돌 지망생이 나온 적이 있다.

노래와 춤을 보고 심사위원들에게 평가를 받는 자리였는데, 발표가 끝난 후 질의응답을 하는 과정에서 유독 그 친구의 표정이 눈에 거슬렸다. 약간 멋쩍거나 부끄러울 때 짓는 표정인 듯했는데, 그 표정만 지으면 잘생긴 얼굴이 약간 바보스럽게 변하는 것이다. 한참 그의 모습을 보던 한 심사위원이 딱 내 마음 같은 말을 그 지망생에게 건넸다.

"아니, OO군. 얼굴도 잘생기고, 노래도 좀 더 노력하면 되겠고, 춤도 소질이 있어 보여요. 그런데 (흉내 내며) 이 표정. 이거 고쳐야 할 것 같아. 왜 자꾸 그러지? 이상해 보여요."

얼마 후 우연히 다시 그 프로그램을 보았는데, 언제 그랬냐는 듯 한결 자연스러운 표정과 말할 때의 모습을 보면서 깜짝 놀랐다. 역시 코칭의 힘이란! 알면 고칠 수 있다. 그래서 아는 게 중요하다. 나에 대해 누구도 이야기해주지 않는다면, 일단 나 스스로 점검할 방법을 찾아야 한다.

그 방법이 바로 앞에서 말한 방법들이다. 녹화를 해서 보거나, 거울 앞에서 상대에게 말한다 생각하고 리얼하게 말을 해보거나, 아니면 까칠한 친구에게 물어보는 것이다. 실제로 해보면 생각보다 이 방법이 매우 효율적임을 알게 될 것이다. 주의할 것은 상대방으로부터 "사실은 말이야. 너 이럴 때 이런 제스처 쓰는 거 진짜 이상했어."라는 말을 듣더라도 상처받지 말아야 한다.

커뮤니케이션 고수들은 상대방이 자신의 제스처를 의식할 정도로 과한 동작은 사용하지 않는다. 그저 말을 살짝 돕는 정도로만 사용한다. 표정도, 손동작도, 또 다른 움직임도 그렇다. 양념 뿌리듯이 말이다. 이야기나 분위기에 방해가 되거나 영향을 크게 줄 정도로는 절대 사용하는 법이 없다. 자신의 단점이 드러나는 표정이나 제스처는 최대한 피하고, 호감을 주는 모습을 훈련하고 사용한다. 특히 몸동작에는 에너지가 담겨 있기 때문에 분위기에 많은 영향을 미친다. 서서 이야기하는 경우 이동을 하는 건 그 사람의 에너지 흐름을 보여준다.

말하는 이의 손동작이나 시선에 따라 듣는 사람의 시선과 생각이 함께 움직이므로 이 역시 에너지에 영향을 미친다. 따라서 고수들은 이런 제스처를 적절히 활용해 자신의 생각을 상대에게 효율적으로 전달하게 된다.

물론, 제스처의 사용에 정답은 없다. 큰 동작일수록 역동적인 느낌을 주는 건 사실이지만 그걸 싫어하는 사람도 있다. 항상 웃음기를 머금은 표정을 말하는 걸 미덕이라고 생각할 수 있지만, 상대방은 내 말을 장난처럼 듣는 것 같아 기분이 나쁠 수도 있다. 치거나 건드리는 걸 호감의 표현이라 여기는 사람이 있는가 하면 질색하는 사람도 있다.

윗사람이라고 해서, 가까운 관계라고 해서, 이런 표현이 상대방에게 당연한 것은 절대 아니다. 아무리 생각해도 '이쯤이야.' 싶은 제스처도 상대의 직업, 성별, 수준, 특성에 따라 다르게 받아들여질 수 있으므로 늘 상대방을 고려하고 배려하려는 태도가 중요하다.

3초 코치

1. 내가 자주 사용하는 비언어적 표현을 점검하라.

2. 녹화하기, 거울 보고 대화하기, 주변 사람에게 물어보기 등의 방법을 활용할 수 있다.

Check Point 13.

대화에서 내 역할이
무엇인지
먼저 파악하라

대화에는 말하는 이와 듣는 이가 존재한다. 따라서 대화에서의 역할이란 '들을 사람'이 될 것인지 '말할 사람'이 될 것인지를 의미한다. 우리는 잘 알고 있다. 어떤 대화에서는 내가 듣는 역할을 하는 게 도움이 되고, 어떤 대화에서는 말하는 역할을 잘 해내는 것이 득이 된다는 사실을. 물론, 이 두 가지 역할을 적당하게 해야 하는 관계도 수없이 많다. 어쨌든 내가 어떤 역할을 하는 것이 지금 내가 해야 할 의사소통에 더 효율적인지 짚어보는 것은 매우 도움이 된다.

기업에 컨설팅을 하러 가보면 윗선으로 올라갈수록 커뮤니케이션 역할에 문제가 있는 경우가 많다. 보통 CEO나 관리자급 사람들이 나에게 코칭을 받으러 오면 대부분 비슷한 고민을 털어놓는다. "사람들이 내 말을 잘 안 듣는 것 같다.", "내가 말을 잘 못 해서 그런지 말을 잘 못 알아듣는다.", "카리스마가 없는 건지 리더십이 없는 건지 나를 잘 안 따른다.", "말이 잘 안 통한다." 등등. 그런데 정작 문제는 '말을 잘 못 하는' 데 있지 않다는 사실을 아는가? 진짜 문제는 다른 데 있다. 바로 '말을 너무 많이 한다'는 것이다.

직급이 위로 올라갈수록 다른 사람이 자신의 말을 끊는 걸 극도로 싫어한다. "잠깐만, 끝까지 들어봐.", "내가 여기서 얘기 다 안 하면 까먹어. 일단 들어." 혹은 이런 코멘트도 없이 그냥 일방적으로 할 말을 늘어놓고 사라지는 경우도 허다하다. 이런 경우 나는 얘기한다. "커뮤니케이션을 하지 말자는 거군요." 하고. 특히 회의 때 이런 모습을 많이 보게 되는데, 관리자급이나 임원이 회의 중 너무 많은 말을 하게 되면 내가 해야 할 이야기를 상대가 말하는 중간에 머릿속으로 준비하는 상황이 발생한다. 듣는 사람 역시 해야 할 말을 다 기억하지 못할 수 있고, 또 그만큼 집중도도 떨어지기 때문이다.

솔직히 이 장의 제목처럼 '역할'에 충실한 커뮤니케이션을 한다면, 임원급으로 올라갈수록 말을 아끼는 게 미덕이 되는 경우가 많다. 팀장에서 이사로 승진한 E 씨는 나와 훈련을 하는 과정에서 자신의 모습을 알게 된 후 무척 민망했다고 한다. 회의하는 모습을 동영상으로 촬영해서 같이 살펴보기로 했는데, 영상 속에는 혼자만 말하고 있는 자신의 모습이 또렷이 드러났기 때문이다. 솔직히 1시간 내내 그 영상을 보는 나도 무척 민망하게 느껴졌다. 몇몇 사람들은 회의 내용을 놓치지 않기 위해 노력했지만 대부분은 회의 자체에 흥미를 느끼지 못하는 모습이 여실히 느껴졌다. 그는 지금껏 몇 년 동안 이런 회의를 지속해왔을 것을 생각하니 부끄러워서 쥐구멍이라도 찾고 싶다고 말했다.

듣는 역할? 아니면 말하는 역할? 구분만 잘해도 괜찮은 사람!

남녀 관계도 다르지 않다. 때로는 들어주고, 때로는 말해준다. 서로 깊이 사랑하고 있다면 때에 따라 내 역할을 어떻게 정해야 할지 본능적으로 감지할 수 있을 것이다. 그러나 이 역할을 깡그리 잊어버릴 때가 있다. 알아도 외면해버릴 때. 바로 '싸울' 때다. 전쟁통에 네 역할 내 역할이 어딨겠는가. 오직 이기는 것이 목표인데. 남녀는 마치 입만 있고 귀는 없는 사람처럼 자기 이야기를 하기에 바쁘다.

만약 이런 경우마저도 '이 타이밍에 듣는 사람이 되어주어야 해.' 하는 역할 분별을 할 수 있다면 그 관계가 어떻게 될까. 일단 상대방이 얘기를 늘어놓을 때 그걸 진심으로 들어주기만 해도 상대방은 많은 부분이

해소되었다고 느낀다.

거기서 살짝 틈이 생긴다. 서로가 주장하는 바를 이해해줄 수도 있을 것 같은 틈 말이다. 그 작은 틈이 결국 화해의 길로 안내해준다는 사실도 기억하면 좋을 것이다.

내 말이 분명 상대에게 도움이 될 것 같고, 옳은 말도 구구절절 잘하고, 지금 꼭 이 말을 하는 게 좋을 것 같다 싶어도. 지금 이 순간 내 역할이 '말하는 사람'이 아닌 게 나을 것 같다면 좀 참는 것도 좋은 방법이다. 특히 조직에서 임원급, 관리자급 사람들은 들어주는 역할을 많이 하는 게 언제나 도움이 된다. 특히 경영자급으로 갈수록 입에서 나오는 말은 모두 책임져야 할 '약속'이 되기 때문에 말을 아끼고 신중해지는 건 어느 면에서 보나 손해날 일이 없다. 말을 많이 하다 보면 오히려 실수가 생기고, 어쩌다 하는 소소한 실수도 책잡힐 수 있다.

반대로 경청이 미덕이라 생각해 지나치게 말을 안 하는 것도 문제다. 때로는 '말하는 것'이 나의 역할이 될 수 있다. 정확한 의사 표현이 필요한 때는 말을 아끼지 말고 상대방의 속이 시원해질 정도로 내 얘길 명확하게 들려주어야 한다.

또 상대가 하는 불필요한 말까지 모두 들어주는 것도 좋은 방법은 아니다. 지금 우리가 대화를 나누는 목적과 방향을 무시하는 이야기들, 전혀 관계가 없는 얘기들까지 상대가 계속 늘어놓는 상황이라면 한 번쯤 거부권을 행사해도 된다. "저기, 그 얘기까진 필요 없을 것 같아요." 라고 말이다.

잘 듣고, 잘 말하는 것은 커뮤니케이션의 기본이다. 단, 소통을 할 때 둘 중 내 역할을 어디에 둘 것인지 또 어느 정도까지 두어야 효과적일지 판단해보자. 생각보다 간단한 방법이지만 이 역할에 충실하기 위한 우리의 노력은 상대방으로부터 무척 '괜찮은 사람'으로 보일 수 있다는 점을 기억하면 좋을 것이다.

1. 커뮤니케이션에는 듣는 역할과 말하는 역할이 있다.

2. 각 대화에 있어 내가 어떤 역할을 하는 게 좋을지 미리 생각해보고 대화에 임하도록 하자.

3초 코치

Check Point 14.

관심받고 있다고
느끼게 만들어라

코로나 이후로 조금 줄어들었지만, 내 일주일 스케줄은 비교적 빡빡한 편이다. 일 때문에 빡빡하기보다는 이것저것 배우는 것이 많아서다. 그림도 배우고 피아노도 배우고 캘리그라피도 배우고 꽃꽂이도 배우고 클래식도 배우고 춤도 배운다. 이렇게 나열하니 취미생활에 중독된 사람 같지만 그건 아니다. 매번 매우 흥미롭게 이 과정에 임하고 실제로 얻는 것도 매우 많다. 이 활동들과 관련된 지식과 기술, 그리고 이 활동을 좋아하고 업으로 하는 사람들에 대한 이해 등.

내게 이런 시간이 필요한 이유는 코칭에 도움이 많이 되기 때문이다. 나는 한 달 동안에도 매우 다양한 직업을 가진 사람들을 만난다. 미술을 하는 사람을 만날 때는 사전에 미술에 대한 지식을 얻기 위해 노력한다.

그림을 그리는 사람을 코칭할 때는 실제로 그림을 배운 적도 있다. 이런 노력은 코칭 때 어김없이 긍정적 효과를 발휘한다. 코치와 의뢰인의 관계를 넘어 서로 매우 협조적으로 대화를 나눌 수 있고, 훨씬 더 오픈된 마인드로 코칭에 들어갈 수 있다. 즉, 상대방과 비즈니스 관계든 사교에 의한 관계든 함께 좋은 관계를 유지하기 위해서는 상대방에 대한 정보를 바탕으로 한 연구가 필요하다. 상대방을 알려는 노력의 바탕 위에 이루어지는 대화는 상대로부터 훨씬 좋은 감정을 이끌어낼 수 있다.

특히, 나의 경우 같은 말이라도 상대방에게 익숙한 단어를 사용하거나 비유를 사용해 표현한다. 이런 대화 방식은 서로의 거리를 좁힐 뿐 아니라 매우 쉽게 내가 의도한 바를 이해할 수 있게 만든다. 성경에서 예수가 어부인 베드로에게 "내가 너를 사람 낚는 어부가 되게 하리라." 하고 비유한 것은 정말 탁월한 표현이었다고 생각한다. 베드로는 단번에 그 말을 이해하고는 투망을 놓고 예수를 따랐다.

관심받는 걸 싫어하는 사람은 없다

이렇게 상대방을 이해하기 위한 노력은 그로 하여금 '내가 관심받고 있구나.' 하고 느끼게 만든다. 내가 이야기할 대상이 어떤 사람인지, 그 사람에게 오늘 무슨 일이 있었는지, 무엇을 좋아하는지, 어떤 걸 싫어하는지 등을 알기 위한 노력은 그래서 무척 중요하다. 세상에 관심받는 걸 싫어하는 사람이 어디 있겠는가. 관계를 끝내기 위한 대화의 자리가 아니라면 이는 무조건 먹히는 방법이라고 볼 수 있다.

실제로 나는 나에 대해 관심이 별로 없는 사람과 깊은 대화를 나누는 걸 별로 좋아하지 않는다. 강의를 할 때도 마찬가지다. 기업에서 교육 요청이 올 때면 "뭘 준비하면 되나요?" 하고 묻는다. 그러면 보통은 "무슨 무슨 강의 자료가 필요합니다."라고 말하겠지만 나는 이렇게 대답한다.

"들을 준비를 시켜주세요."

강의 자료는 보통 내 입장에서 상대방에게 들려줄 목적으로 열심히 만든 준비물이다. 물론 효과적인 자료도 중요하겠지만 그보다 먼저 준비해야 할 것은 들을 준비다. 그냥 "그런저런 교육을 한다더라."가 아니라 자신들을 교육할 내가 누구인지, 무엇을 이야기할 것인지, 어떤 성향의 사람인지 등을 알기 위한 노력이 필요하다.

나 역시 마찬가지다. 내가 가르쳐야 할 사람들이 누구인지, 그들에게 무엇이 필요한지, 서로 더욱 질 높고 효율적인 커뮤니케이션을 위해 어떤 정보를 더 얻어야 하는지에 대해 연구한다. 자료는 그다음에 준비해도 늦지 않다. 서로에 대한 관심을 가진 채 시작하는 교육은 훨씬 효과가 높다.

나는 교육 첫 시간에 그들 앞에서 이런 말을 먼저 건넬 것이다.

"이 회사는 목요일에 회의가 가장 많다던데, 오늘도 오전 내내 긴 회의 치르느라 고생 많으셨습니다. 제가 최대한 심플하고 재미있게 교육을 해야 스트레스가 좀 덜하시겠죠?"

나의 관심을 듬뿍 받은 상대는 일단 호감을 갖고 교육에 임할 것이다. 내가 정말 재밌게 교육을 해줄 것이라 믿으면서. 부드러운 대화, 본론에 들어가기에 앞서 집어넣는 브리지 멘트에서는 서로에 대한 관심과 이해를 표현해줄 때 그 효과가 극대화된다. 비 오는 날 지하 4층까지 내려가 힘들게 주차를 하고 온 병원 고객에게 "어디가 아프세요."라고 묻는 대신 "복잡한데 주차하고 올라오느라 힘드셨죠."라고 먼저 말을 건넨다면 아마도 그 손님이 단골이 될 가능성은 커질 것이다.

상대방에 대해 미리 알 길이 없다면 질문을 활용하라

물론 상대방에 대해 사전에 정보를 전혀 얻지 못하는 경우도 많다. 블라인드 미팅(소개팅)의 경우 겨우 직업이나 카톡 프로필 정도만을 알고 만나기도 한다. 그럴 땐 어떻게 해야 할까?

이럴 때는 상대방을 알기 위한 질문을 전략적으로 할 수 있다. 물론 티가 나지 않게 해야 한다. 슬쩍 슬쩍, 그에 대해 궁금한 것을 끌어낸다. 빙빙 둘러 물을 필요도 없다.

"학교에서 일하신다고 들었는데, 학생을 가르치는 건가요? 아니면 교직원?"

"손가락이 무척 길고 예쁘시네요. 혹시 뭐 피아노나 악기 같은 거 다루셨어요?"

"핑크색이 잘 어울리시네요. 특별히 좋아하는 색깔이 있으세요?"

소개팅뿐 아니라 다른 대화 속에서도 이런 질문법은 유효하다. 만약 상대가 나에 대해 잘 알지도 못하면서 질문을 해오지도 않는다면, 관심을 받지 못한다고 느낄 수 있다. 실제로 상대방에게 아무것도 묻지 않고 일방적으로 길게 이야기를 하는 사람들은 상대방에게 흥미를 못 느끼고 있는 경우가 많다. 혹은 스스로 이야기에 심취되어 자신의 정보를 전달하기에 바쁘거나. 그러나 우리는 잘 알고 있다. 주로 그런 사람들을 보며 "재수 없다."라고 말한다는 사실을. '관심'은 주고 또 받는 것이다.

충분한 관심이 표현되는 풍성한 대화는 늘 행복감을 이끌어내고, 서로의 호감을 높여준다는 사실을 잊지 말자.

1. 중요한 커뮤니케이션 자리일수록 상대에 대한 정보를 미리 습득하라.

2. 대화 시 상대에 대한 정보를 바탕으로 그에게 익숙한 표현을 자주 사용하라.

3초 코치

3. 사전에 정보를 얻지 못했다면 자연스러운 질문으로 상대에 대한 관심을 표현하라.

나 중심이 아닌
상대 중심의 언어를
사용하라

처음 골프를 배우기 시작했을 때 나를 담당했던 코치 때문에 무척 애를 먹은 적이 있다. 사전에 기초적인 정보를 익히지 않고 간 나의 잘못도 컸지만, 배우는 과정에서도 그리 매끄럽지 못했다. 코치가 사용하던 언어들 때문이었다.

사실 이번 장에서 하게 될 이야기는 이미 우리가 여러 차례 짚어왔던 커뮤니케이션 방법과 연결되는 부분이 있을 것이다. 상대방의 경험 수준, 상대방의 이해도, 상대방의 상황을 고려한 말하기가 이번 장과도 연결된다. 상대방의 지적 수준, 나이, 상대방이 지금 현재 공유하고자 하는 정보에 대한 이해도 등이 어떤지 체크하고 거기에 맞는 단어를 사용한다는 것이 핵심이다.

나는 골프채 한 번 잡아보지 않은 상태에서 코칭을 받게 되었는데, 같은 자세도 너무 전문적인 용어가 섞인 채 설명을 듣다 보니 일단 머리로 이해하는 것에서부터 꽉 막힌 느낌을 받았다. 특히 책에도 잘 나오지 않는 관용어나 줄임말, 혹은 생소한 외래어 등은 오히려 초보자에겐 더 방해가 되는 느낌이었다.

만약 당신이 "목소리가 너무 작아서 무슨 말인지 하나도 못 알아듣겠어요."라는 말을 너무 많이 들어 스트레스라며 나를 찾아왔다고 해보자. 나름 소리를 내려고 노력을 하는데도 발성이 잘 안 되어서 많이 고민이다. 그때 내가 이렇게 말한다.

"상악골과 하악골을 90도 이상 열어야 합니다. 그때 상악골보다 하악골을 15도 정도 더 내리면 '아아아' 이런 소리가 나죠. 반대로 상악골을 좀 더 내리면 눈 사이의 접형골이 열려 소리가 더 잘 들립니다."

무슨 말인지 이해했는가? '대체 어떻게 하라는 거야?' 하고 나를 욕하고 있는가. 다음 그림을 한번 보자.

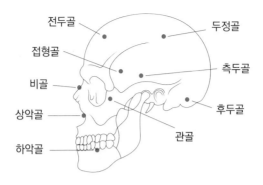

이 그림은 우리 얼굴의 구조를 잘 보여준다. 여기서 상악골과 하악골, 그리고 접형골을 찾을 수 있다. 즉, 내 말은 이런 뜻이다.

"입을 크게 벌리고 말해라. 고개를 살짝 숙이고 입을 벌리면 좀 더 쉽게 소리를 낼 수 있다."

상대방이 내 말을 잘 알아들어야 커뮤니케이션이 완성된다

커뮤니케이션이란 '상대'가 없이는 성립되지 않는 행위다. 즉 나의 상대방 그리고 상대의 상대방인 내가 서로의 말을 잘 이해할 때 효율적인 커뮤니케이션이 성립된다. 그래서 '나' 중심이 아닌 '상대방' 중심의 언어가 중요하다. 상대방의 지적 수준이 낮으면 쉽게 말하고, 높으면 유식하게 말하라는 단편적인 이야기가 아니다. 목적과 대상에 따라 사용하는 단어의 선택, 문장의 표현을 달리하라는 뜻이다. 무엇보다 상대가 내 의도를 가장 잘 이해할 수 있는 단어를 선택하고 표현하는 게 중요하다.

때때로 지적 수준, 업종, 전문성, 경험, 환경, 나이, 성별 등 모든 요소가 나의 표현을 선택하기 위한 고려 사항이 될 수 있다. 혹 코칭을 하거나 상대방에게 어떤 정보를 전달해야 할 상황이 온다면 반드시 이 내용을 잘 기억하길 바란다. 가끔 '내가 더 많이 알고 있다'거나 '나 꽤 전문가야.' 하는 것을 나타내기 위해 오히려 더 어려운 용어나 전문적인 표현을 사용하는 경우도 많이 볼 수 있다. 그 순간 상대방에게 정말로 '우와, 이 사람 정말 똑똑하구나.', '진짜 전문가 맞네.' 하는 인상을 심어줄 수 있을지는 모른다.

하지만 진짜 가르쳐야 할 것, 전달해야 할 내용을 제대로 안겨주었는가 하는 건 다른 문제다. 나라면 상대방이 이익을 보는 쪽으로 선택하리라.

3초 코치

1. 내 이야기를 들을 상대방의 이해도 수준을
   먼저 파악하라.

2. 영어에도 초급/중급/고급이 있다.
   각각의 수준에 맞는 언어, 상대가 가장
   쉽게 이해할 만한 표현을 사용하라.

Part 3

오! 달변가이신데요?

말 잘하는 사람들이 사용하는

비기(祕技)를 아는가

왜 긴장했는지
체크하라

처음 사람들 앞에서 사회를 보았을 때를 기억한다. 세세하게 모든 순간이 기억나지는 않지만 적어도 내 심장 뛰는 소리가 얼마나 큰지 또 내가 긴장했을 때 어떤 신체적 반응이 나타나는지는 잘 이해하게 된 순간이었다. 내 말을 듣는 다른 사람들은 어땠는지 모르겠지만 내 신체 안쪽에서 들리는 수많은 소리에 매우 시끄러운 날이었다. 많은 사람들 앞에 서는 일은 누구에게든 참 쉬운 일은 아니다.

나를 찾아오는 상당수의 사람들이 이러한 문제를 안고 온다.

"너무 떨려요.", "사람들 앞에만 서면 정신이 없어요.", "지난번에 무대에서 실수를 남발했어요."

청중이 한 명이든 100명이든 1천 명이든 '떨린다'는 것은 일단 무척 난감한 고민이다. 그리고 이 고민은 좀처럼 잘 해결이 되지 않는다. "잘 할 수 있을 거야.", "괜찮아. 차분하게 해." 하는 말은 무대에 올라가는 순간 기억이 나지 않는다. 그저 눈앞이 뿌옇게 변하면서 심장이 뛰고 혼란스러워진다. 대체 왜 이러는 걸까. 그리고 이 긴장감을 해소할 방법은 정말 없는 걸까.

보통 긴장을 하는 사람들의 특징은 자신이 긴장한다는 걸 알기 때문에 그 긴장감이 더욱 증폭된다는 것이다. 무대가 되었든 강연장이 되었든 거리가 되었든 사람들 앞에 서면 자신이 떨고 있다는 것을 들키게 된다는 사실 자체가 주는 스트레스가 엄청나다.

그런데 아이러니한 것은 실제로 그 사람들이 앞에서 말을 하고 있거나 발표를 하는 모습을 보면 전혀 그래 보이지 않는다는 사실이다. 아주 종종 들고 있는 종이가 떨린다거나 땀이 좀 많이 나거나 하는 경우가 있는데, 그것 역시 본인만 알 뿐 청중들은 아무도 모른다. 따라서 긴장감을 지우는 가장 좋은 방법은 첫째, '나 떨려.' 하는 생각 자체를 머릿속에서 없애는 것이다. 티도 안 나는데 무엇을 걱정하는가.

보통 긴장을 하게 되는 순간은 정해져 있다. 앞에 나서서 노래를 하거나 발표를 하거나 설명을 해야 할 때. 사회를 보거나 강의를 해야 할 때

등이다. 그때 화자의 목표는 준비한 것을 100%는 아니더라도 최대한 잘 전달하고 내려오는 것이다. 그런데 긴장을 하면 준비한 것의 반도 제대로 이야기하지 못하고 내려온다. 이러한 경험은 '다음에 또 이러면 어떡하지?' 하는 증폭된 긴장감으로 이어진다.

그런데 이 문제도 한번 짚어볼 필요가 있다. 1년에 수도 없이 발표를 하고 청중 앞에 서야 하는 나 역시 긴장을 하든 안 하든 하고자 하는 얘기를 100% 다 하고 내려온 적은 없다. 약간의 긴장감도 한몫하겠지만 많은 사람들 앞에 서서 말한다는 건 친구와 맥주를 마시며 수다를 떨 때와는 다르지 않겠는가. 청중들의 반응도 살펴야 하고 내가 지금 잘하고 있는지 스스로 체크도 해야 한다. 이때 '잘 못 하면 어떡하지.' 하는 조급함과 불안감은 발표를 더욱 방해하고 긴장감을 증폭시킨다.

완벽한 발표란 없다

내가 주는 첫 번째 솔루션은 '긴장하고 있다'는 사실 자체를 지워버리는 것이고, 두 번째 솔루션은 '완벽하게 해야 한다'는 생각을 버리는 것이다. 아까 말했듯 나처럼 경험이 많은 사람도 가끔 실수를 하고 또 준비한 것을 다 전달하지 못할 때가 많다. 발표를 하는 중간에 그 생각에 매어버리면 다음을 이어가기가 힘들다. 실수를 자연스럽게 덮고 넘어가는 것도 실력이다. 슬쩍 모른 척하며 자신의 실수를 덮고 빨리 다음으로 넘어가면서 최선을 다하고 있는 자신을 대견히 여겨라.

오디션 프로그램을 보면 긴장해서 실수를 하는 경우 그것을 수습하는 모습이 두 가지로 나뉘는 걸 볼 수 있다. 한 사람은 같은 부분을 계속해서 실수하며 끝까지 버벅거리다 끝나는 경우. 또 한 사람은 "죄송합니다. 물 좀 마시고 다시 해볼게요." 한 다음 잠시 심호흡을 하고는 오히려 처음보다 훨씬 좋은 결과를 보여주는 경우다.

어느 쪽이 되고 싶은가. 실수는 실수일 뿐, 그것을 어떻게 수습하느냐에 따라 결과는 달라질 수 있다. 긴장은 실수를 불러올 수 있지만 그 실수가 끝이 아님을 명심하자. 더불어 '완벽'보다는 '최선'을 보여주는 모습이 훨씬 보기 좋다.

마지막 솔루션은 뭐니 해도 철저한 준비다. 긴장을 한다는 건 실제로 그 자리에 서야 한다는 스트레스도 있겠지만 완벽하게 준비를 하지 못했다는 두려움이 크기 때문이기도 하다. 이는 철저한 준비, 충분한 연습을 통해서만 해결될 수 있다. 사람들에게 어떤 이야기를 전달해야 한다면, 전달 후 어떤 질문이 와도 모두 답해낼 수 있겠다는 자신감이 있을 정도로 준비를 하라.

이렇게 말을 해줘도 대부분 발표자료를 만드는데 급급해서 내용에 대한 숙지나 발표자의 태도와 스피치에 대해서 충분한 연습을 하지 않는다. 내용이 충분히 숙지되어 있고 보지 않아도 술술 나올 정도가 되고 잘 요약정리된 정보를 착착 전달할 수 있는데 왜 두려움이 생기겠는가? 자신감이 넘치면 오히려 훨씬 여유 있는 모습이 나오는 건 말할 필요가 없다.

그래서 나는 '떨린다 = 준비가 안 됐다.'고 말하기도 한다. 기억하라. 즉흥적인 말하기는 절대 없다. 모든 건 다 준비할 수 있다. 나는 지금도 한 번의 말하기를 위해 수없이 연습한다. 어떤 질문에도 답할 수 있도록, 내용에 대해 충분히 이해하기 쉽고 일목요연하게 전달할 수 있도록 말이다. 자신감이 없는 사람일수록 복잡하게 말하지 말고 정보량을 줄여 단순하게 말하기를 추천한다. 이해된 것까지만 전달하고 나머지는 욕심을 내려놓아라. 많은 내용을 전달하려다 오히려 마이너스가 되는 경우를 수없이 보았다.

이런 솔루션으로도 도저히 해결이 되지 않는다면 나는 차선책으로 '많은 사람이 나를 보고 있는 듯한 동영상'을 틀어주고 그 앞에 서서 연습을 하게 한다. 스피치용 VR이라고 하는데, 내용을 충분히 전달해주는 것이 화자의 목표라면 관중에 좌우되지 않고 내 목적을 잘 달성하는 데 집중하는 연습을 하는 게 도움이 된다. 물론 이때에도 충분한 준비는 기본이다. 이것이 베이스가 되어야 어떤 방식으로 관중을 사로잡을지가 잡힌다.

또 발표 전 하체 훈련을 하고 올라가는 것도 도움이 된다. 스쿼트를 12회 이상 해서 하체와 엉덩이에 힘이 딱 들어가게 해준 다음 무대 혹은 강단에 올라가 보자. 그러면 호흡의 위치가 아래로 내려가 목소리가 훨씬 차분해진다. 이 훈련이 '하체 힘을 주게 하기 위해서'라고 말하는데 엄밀히 따지면 '하체에 힘이 들어가게 해서 목소리 톤을 낮춰주기 위해서'다. 목소리가 붕 뜨면 긴장감이 더 고조되기 마련이다.

나는 오랫동안 무대에 서면서 수많은 경우를 접해보았다. 그중 전혀 긴장하지 않은 사람은 한 번도 보지 못했다. 그러나 무대에 올라섰을 때 준비한 것을 최대한 잘 쏟아내고 나오는 사람의 특징은 앞에서 말한 세 가지를 잘 기억한 사람이었다.

즉, 항상 긴장감은 있지만 절대 티가 나지 않는다는 사실을 기억하고 머릿속에서 그 사실을 싹 지워버리는 사람. 완벽히 하려 하기보다는 최선을 다하고, 실수한 것에 연연하지 않고 다음으로 넘어갈 수 있는 사람. 충분한 훈련을 통해 돌발 상황에까지 유연하게 대처할 준비가 된 사람. 우리가 긴장할 수밖에 없는 이유를 명확하게 깨닫고 이 세 가지를 명심한다면, 긴장감에서 훨씬 더 멀리 벗어날 수 있을 것이다.

3초 코치

1. 아무도 내가 떨고 있는지 모른다. 티가 전혀 안 난다는 사실을 기억하라.

2. 완벽한 발표란 없다. 최선을 다하되 실수를 유연하게 넘기자.

3. 무조건 철저한 준비, 어떤 질문을 받아도 대답할 준비, 그게 답이다.

4. 많은 사람이 나를 쳐다보고 있는 스피치 VR로 연습해보자.

5. 앞에 나가기 전 하체 훈련을 해서 목소리 톤을 낮춰주자.

다수에게 맞는
감정 언어
사용하기

가끔 그런 생각을 한다. 영어로 의사소통을 하는 게 한글로 하는 것보다 훨씬 편하겠다고. 이유는 간단하다. 영어 단어나 표현에는 감정이나 특별한 뉘앙스가 담기는 경우가 비교적 적기 때문이다. 단어는 단어대로 사용하되, 그 단어를 표현하는 방법(좀 더 힘주어서 말한다든가, 단어의 길이를 늘인다든가 하는 식으로)으로 감정을 담아내지, 단어 자체가 다른 의미로 사용되는 일은 잘 없다. 그래서 의사소통이 명확하다. 좋다, 싫다, 아니다, 그르다, 재밌다, 따분하다, 지금 내 기분이 어떻다 등등을 매우 심플하게 표현할 수 있다.

그런데 우리나라 말은 좀 다르다. 한국말은 끝까지 들어봐야 안다는 것도 단순하지 않은 한글 언어의 특성을 잘 보여주는 말이다. 하나의 단어에도 다양한 중의적 의미가 내포되어 있음은 물론, 상황이나 기분에 따라서 같은 단어를 전혀 다른 의미로 사용하기도 한다. 이것은 한글 사용에 있어서 다양하고 풍성한 표현을 할 수 있다는 이점을 가져다주기도 하지만 때때로 많은 오해를 불러일으키기도 한다.

나는 다양한 커뮤니케이션에서 생길 수 있는 이러한 오해들을 막기 위한 방법을 이야기해볼까 한다. 제목에서 보는 '감정 언어'라는 것은 말 그대로 우리가 느끼는 감정에 따른 언어적 표현을 의미한다. '맛있다', '재밌다', '좋다' 등 우리의 느낌을 담을 수 있는 언어에는 수십, 수백 가지가 있다. 이 단어들을 각 상황에 맞춰 내가 의도하는 대로, 내 느낌대로 표현하는 것은 물론 자유다. 그런데 이러한 말들은 '보편적'이라고 할 수는 없기 때문에 문제가 발생하는 상황이 있을 수 있다. 바로 특정한 '그룹'이나 '관계'에 해당할 때다.

그래서 제목이 '다수에게 맞는 감정 언어 사용하기'다. 우리는 살아가면서 다양한 그룹에 소속된다. 한 사람이 한 그룹에만 있는 일은 거의 없다. 가족 그룹, 친구 그룹, 비즈니스 그룹, 파트너 그룹, 학교 그룹, 동호회 그룹 등등. 그런데 각 그룹 안에서 사용하는 단어들은 다른 그룹에서 같은 의미로 통용되는 경우도 있지만 그렇지 않은 경우도 많이 있다. 따라서 다수가 이해할 수 있는 범위 안에서의 감정 언어를 사용하는 것이 매우 중요하다. 우리가 그룹 활동(사회 활동)을 하다 커뮤니케이션에서 수많은 오해가 발생할 수 있는데, 그 대부분이 말에서 오며 특히 이러한 감정 언어의 사용에서 오는 경우가 대부분이다.

나는 재밌지만 너는 재밌지 않다면?

일전에 30~40대의 남녀가 다양하게 섞인 한 그룹에 가입된 적이 있다. 요즘은 단톡방이라는 것을 열어 주로 그 안에서 많은 대화를 나누곤 하는데, 한번은 일을 마치고 귀가하는 길에 단톡방을 열어보니 남자 대 여자로 나뉘어 대거 말다툼이 일어나고 있는 게 아닌가. 수백 개의 카톡이 오간 상황이어서 앞으로 가서 쭉 읽어보며 상황을 파악해보니, 한 남성이 단톡방 안에서 친한 남자들끼리 주고받은 농담 때문에 시작된 말다툼이었다. 싸움의 상대는 여자 대 남자였다.

'그냥 웃자고 한 말인데 너무 반응이 과한 것 아닌가요.'
'아니, 그런 농담은 누구를 웃기려고 한 농담인가요. 나는 하나도 안 웃겨요.'
'맞아요, 오히려 기분이 나빠요.'

'재밌잖아요. 난 재밌는데.'

'재밌다는 말뜻을 알고 쓰는 거예요? 우린 기분이 아주 더럽다고요.'

　남자들은 남자들끼리 어릴 적부터 아무렇지 않게 사용해오던 말들이
있다. 그런 단어들을 사용하면 자기들끼리는 낄낄대며 재미있다고 느
낀다. 그런데 그것은 어디까지나 '남성'이라는 그룹 안에서만 해당한다.
여성들은 자기들끼리 재미있다고 느끼는 특정한 표현들이 따로 있을
것이다.

　특히 남성들은 성적인 것이나 다소 폭력적인 표현들도 아무렇지 않게
사용하는 경우가 많기 때문에 그것을 필터링 없이 사용할 경우 충분히
여성으로 대표되는 여러 그룹으로부터 많은 오해를 살 수 있다. 그 말들
을 '재미있으라고' 사용했을지 모르겠지만 여기서 '재밌다'라는 것은 하
나의 특정 그룹 사람들에게만 해당하는 감정 언어가 될 수 있는 것이다.

　이는 남녀로 대표되는 그룹에서는 특히 많이 나타나는 현상이고, 또
자주 나타나는 것이 세대 간 차이가 있는 그룹 내에서다. 젊은 사람들이
자신들끼리 자주 사용하는 감정 언어를 그 그룹 속에 포함된 다른 세대
에게 그대로 사용했을 때 전혀 다른 의미로 이해된다.

　예를 들어, 신조어 중에 '개'라는 표현이 있다. 청소년들이 주로 사용

하는데 '아주', '매우' 같은 의미로 해석된다. 예를 들어 날씨가 춥다는 것도 '개추워' 힘들다는 것도 '개힘들어'라고 쓰는 것이다. 그런데 그들 세대에서는 아무렇지 않은 이 언어가 연령대가 높은 세대에서는 다르게 다가오기도 한다. 길거리에서 아이들이 '개'를 붙여 대화하는 것을 듣고 나의 어머니도 "요즘 애들이 저런 말을 쓰는구나." 하며 깜짝 놀라기도 했다. 그들끼리는 쉽게 쓰는 말이지만 굉장히 과격한 언어로 다가왔던 것이다.

이처럼 그들끼리 재미있는 혹은 좋은 혹은 또 다른 의미의 감정 언어가 다른 세대에게는 전혀 재미없거나 무례하기 느껴지기도 한다. 물론 반대일 때도 있다. 나이 든 세대의 농담이나 표현들, 그들이 사용하는 감정 언어를 젊은 세대가 잘 이해하지 못하고 같은 의미로 받아들이지 못하는 것은 어제, 오늘의 일은 아니다.

시시껄렁한 모임에서도 큰 오해와 다툼이 일어날 수 있는데, 중요한 모임에서는 오죽할까. 꼭 중요한 모임이 아니더라도 우리가 살아가면서 접할 수 있는 수많은 그룹 내에서는 말 때문에 생기는 다양한 오해들이 늘 큰 문제를 만들어내기 마련이다. 이럴 때는 중의적으로 해석될 수 있는 언어의 사용을 가급적 줄이고, 다수가 이해할 수 있는 범위 안에서의 감정 언어를 사용하는 게 중요하다.

앞에서도 이야기했지만 커뮤니케이션의 기본은 상대방을 위한 배려다. '말'은 독백이 아닌 이상 그것이 입에서 나가는 순간 책임이 따르게 된다. 나의 생각을 자유롭게 표현하는 것은 자유이지만 그것을 들을 대상이 있을 때는 상대방에 대한 배려가 없이는 원활한 커뮤니케이션이 이루어질 수 없다. 특히 그것이 그룹일 때는 더욱 그렇다. 다양한 계층과 성별이 속한 가족, 친구 등의 그룹 내에서는 내가 사용하는 다양한 언어들이 그들에게 어떤 의미로 다가갈 수 있을지 생각해보는 것이 좋다.

나만 알고 있는 언어의 사용 또한 꼭 그것을 사용해야 한다면 상대방에게 먼저 이해를 시키는 것이 중요하다. "왜 그런 식으로 생각해요! 난 그런 뜻으로 말한 게 아니에요!!"라고 답답해하는 일이 발생하게 하지 않으려면, 내가 하는 이 표현과 내가 사용하는 단어들에 대한 의미를 미리 공유하는 편이 좋다.

실제로 감정을 담은 언어들은 하나의 의미만 담겨 있지 않은 경우가 대부분이다. '이게 이거다.'라고 규정 지을 수 없는 단어들은 각 그룹 안에서 어느 정도 이해의 기반이 된 상태에서 사용됐을 경우에만 제대로 전달이 된다.

효율적인 커뮤니케이션은 '나'보다 '너'를 먼저 생각할 때 가장 쉽게 이루어진다. 나의 의도가 잘 전달되기 위해서는 그 의도를 상대방이 제대로 이해할 수 있도록 먼저 점검할 필요가 있다. 나는 재밌는 것들이 상대방에게는 일방적이고 폭력적일 수 있다면, 또 원래 의도했던 의미가 변질되어 전달된다면, 그것보다 서글픈 일은 없을 테니 말이다.

1. 감정 언어가 무엇인지 이해한다.

2. 감정 언어 = 상황에 따라 다양한 의미로 해석될 수 있는 감정적 언어

3초 코치

3. 자신이 속한 그룹에서 사용하는 언어들의 특성을 파악한다.

4. 각 그룹에 알맞은 감정 언어를 사용한다.

Check Point 18.

말덩어리를
만들어
사용하기

일전에 한 모임에서 어떤 분이 자기소개를 하는데 나도 모르게 깜빡 졸아서 깜짝 놀란 적이 있다. 정신을 차려보니 한참 존 것 같은데 졸기 직전에 자기소개를 하던 분이 그대로 얘기를 하고 있는 것이다. 너무 실례인 것 같아 정신을 다잡고 얘기를 들으려고 노력하는데 금세 또 꿈나라로 빠져들고 있는 나를 발견했다. 어지간해선 상대방이 말할 때 집중을 못 하지 않는데 왜 이러지 싶어 그분의 말하기 습관을 들여다보기 시작했다.

"저는 어디에 사는 누구누구인데, 거기 아시죠? 어딘지. 거기서 오래 살았는데 학교도 다 거기서 나왔죠. 어릴 때부터 무엇무엇을 좋아했는데 그게 직업으로 이어질 줄은 우리 가족도 다 몰랐을 텐데 어쩌다 보니

전공까지 그걸로 하게 되어서 어느 순간 직장을 구해서 그걸로 일을 하고 있는 걸 발견했는데, 다행히 지금은 그게 적성에도 잘 맞다고 생각이 들어서 재미있게 해보고 있는 중인데 요즘은 경기가 안 좋아서 사실 쉽지는 않은 것 같아요….”

말로 들을 때는 잘 모르겠지만 이렇게 글로 적으면 어떤 부분이 문제인지 금방 파악이 될 것이다. 그런데 의외로 이렇게 말하는 사람이 많다는 것. 즉 하나의 의미를 담은 내용을 한 문장 안에 넣는 게 아니라 그걸 길게 늘어뜨려서 이야기한다는 것이다. 이 장의 제목에서 말하는 '말덩어리'라는 것은 바로 같은 의미를 담은 하나의 덩어리를 의미한다. 보통은 주어부와 서술부로 나뉘는데, 예를 들면 이런 식이다.

'나는 / 보이스코치다.'

주어부 서술부를 합쳐 우리는 하나의 문장을 만들어낸다. 이때 주어부와 서술부를 각각의 한 덩어리로 볼 때 그 덩어리가 담고 있는 정보가 하나 이상 되지 않도록 하는 것이 이 장에서 얘기하고자 하는 핵심이다.

'강서구에 사는 나는 / 잘생긴 보이스코치다.'

즉 하나의 말덩어리 안에는 하나의 정보만 담도록 한다. 하나 이상의 의미를 담을 경우 의미 전달에 방해가 된다. 전문적으로 코치를 할 때는 '한 덩어리가 11글자를 절대 넘지 않게 하라'고 말하기도 한다. 핵심이 되는 주어와 서술어를 수식하는 말이 많아질수록 상대방을 배려하지 못하는 말이 될 수 있기 때문이다.

효율적인 전달을 위한 아나운서 훈련법

우윳빛깔 아이유에 대해서 설명을 한다고 해보자. 아이유에 대해서 붙이고 싶은 수식은 너무나 많다. 싱어송라이터 가수에다 기타도 잘 치고 얼굴도 예쁘다. 삼단 고음에 가창력도 좋다. 자연미인에 몸매도 예쁘고 웃는 모습도 깜찍하다. 요즘엔 연기력으로도 호평을 받고 있고 책을 많이 읽는 독서가로도 잘 알려져 있다. 이 많은 것을 한 문장으로 말한다면 이해하기가 힘들 것이다. 그렇다면 어떻게 덩어리를 만들 수 있을까.

① 삼단 고음으로 유명한 아이유는 가창력이 좋은 가수다. / ② 아이유는 싱어송라이터인데, 훌륭한 기타 솜씨로 좋은 노래를 많이 만들었다. / ③ 웃는 모습이 예쁜 아이유는 몸매도 예쁘고 얼굴도 귀여워 많은 남

녀노소 누구에게나 인기를 한몸에 받는다. / ④ 게다가 연기도 잘해서 많은 드라마에 여주인공으로 나오기도 한다. / ⑤ 아이유는 책을 많이 읽는 연예인으로도 유명하다.

이렇게 소개를 적었다고 해보자. 이 모든 설명을 하나로 연결해서 표현할 수 있지만 나는 5개의 문장으로 나누어 적어보았다. 하나의 의미를 담은 내용을 하나의 문장 즉 하나의 말덩어리로 만든 것이다. 그리고 이것을 말로 전달할 때는 적당한 끊어 읽기를 하는 것이 중요하다. 주어부와 서술부를 나누어 명확하게 끊어주면 듣는 사람이 확실하게 이해할 수 있다. 이것은 내용을 명확하게 전달해야 하는 아나운서들의 훈련법이기도 하다.

① 삼단 고음으로 유명한 아이유는 / 가창력이 좋은 가수다.
② 아이유는 싱어송라이터인데, / 훌륭한 기타 솜씨로 / 좋은 노래를 많이 만들었다.
③ 웃는 모습이 예쁜 아이유는 / 몸매도 예쁘고 얼굴도 귀여워 / 남녀노소 누구에게나 인기를 / 한몸에 받는다.
④ 게다가 연기도 잘해서 / 많은 드라마에 여주인공으로 나오기도 한다.
⑤ 아이유는 / 책을 많이 읽는 연예인으로도 유명하다.

하고 싶은 이야기가 많겠지만, 말하고자 하는 핵심 덩어리에 사족을 많이 붙이는 대신 덩어리를 늘려 가는 연습을 해보자. 하나의 말을 길게 늘여 설명하는 습관이 있는 사람들은 보통 어릴 때 부모로부터 영향을 받은 경우가 많다. "엄마가 이러이러했는데, 이러이러해서 이러이렇거든…." 이러한 표현법이 틀렸다기보다 상대방에게 내가 원하는 바를 정확하게 전달하지 못할 가능성이 높기 때문에 훈련을 하려는 것이다.

가능한 한 짧은 길이의 덩어리를 여러 개로 나누어 간결하게 사용한다. 어쩔 수 없이 길게 이야기를 해야 한다면 위에서 알려준 끊어 읽기를 하되, 내용을 세분화시켜서 같은 의미의 덩어리들끼리 잘라 읽어주면 훨씬 효과적이다. 실제로 훈련을 할 때는 말하고자 하는 내용을 다 적게 한 다음에 그것을 덩어리로 나누어 읽는 연습을 하기도 한다.

가끔 길게 말하는 게 훨씬 말을 잘하는 거라고 착각하는 사람들이 있다. 짤막짤막하게 내용을 전달하면 말을 잘 못 하는 사람처럼 보이거나 (간혹) 지적으로 보이지 않는다고 생각해서 일부러 길게 늘어뜨리거나 미사여구를 많이 붙여서 이야기할 때가 있는데, 오히려 그렇게 할 때 훨씬 전달력이 떨어지고 상대방에게 졸음이 오게 할 수 있다는 점을 기억하자. 또 솔직하지 못할 때 부연설명이 길어지는 경우도 많다. 빙빙 돌려 말하기보다는 핵심을 간결하게 정리해서 표현하는 것, 솔직 담백하게 핵심 내용을 중심으로 끊어서 전달하는 것, 이 두 가지만 해도 내 이야기가 잘못 전달되는 일은 훨씬 줄어들 수 있다. 더불어 더 명확하고 지적인 말하기가 될 수 있다는 점을 기억하자.

1. 말덩어리의 개념을 이해한다.
   (주어부 / 술어부)

2. 하나의 말덩어리에 하나의 의미를 담아서 사용한다.

3. 의미 단위의 말덩어리를 끊어서 읽는다.

3초 코치

다양한 설명 방법
사용하기

친구가 묻는다.

"어떻게 하면 6개월에 30kg을 뺄 수 있어?"

"단순히 식단조절만으론 힘들어. 지방 저장 세포를 커지게 만드는 건 좋은 방법이 될 수 없어. 우선 대사를 정상으로 돌려야 해. 몸의 염증 수치를 낮추지 못하면 다이어트는 실패야."

"운동을 병행하라는 거야?"

"지금껏 뭐 들었어. 대사조절이 필수라니까?"

"그, 그래…."

살다 보면 누군가에게 어떤 내용에 대해 설명을 해야 할 때가 있다. 그때 내 설명을 잘 알아듣지 못한 상대가 말한다.

"저… 이해를 잘 못 했는데 다시 한 번 더 설명해주시겠어요?"

이럴 때 당신이라면 어떻게 하겠는가? 아마도 먼저 설명한 내용에 대해 똑같은 방식으로 반복해서 설명할 가능성이 크다. 그런데 아마 느낄 것이다. 그중 몇몇은 정말 말소리를 못 알아들어서 그런 것이므로 "아… 그런 얘기였군요." 하고 이해할 수도 있다. 하지만 대부분은 여전히 제대로 이해를 못 하고 있음을 알아채야 한다. 먼저 한 설명 방식이 상대에게 좋은 방식이 아니어서 되묻는 건데, 똑같은 방식으로 다시 전달한다고 해서 뭐가 그렇게 달라지겠는가.

커뮤니케이션의 고수들은 상대방이 자신의 설명을 잘 이해하지 못한다면 다음 설명은 다른 방식을 시도한다. 그 방법에는 여러 가지가 있다. 그림을 그려 이미지화해서 설명한다거나, 사진 등의 매개물을 이용한다거나, 언어를 완전히 바꾸어 그 사람에게 맞춘 비유로 설명한다거나, 아예 다른 사람을 통한다거나 등. 물론, 그들은 애당초 못 알아들을 법한 설명은 하지도 않겠지만 말이다.

내 설명 방식이 무조건 이해된다는 착각 버리기

똑같은 내용도 사람마다 설명하는 방식이 다르고 이해하는 방식이 다르다. 조직에서 A 임원에게 보고를 하는데 같은 내용도 B가 하는 건 잘 알아듣고 C가 하는 건 잘 못 알아듣는다면 아마도 중요한 보고일수록

B가 하는 게 더 효율적일 것이다. 실제로 B의 설명 방식이 좋을 수도 있고 A에게만 유독 잘 통하는 설명 방식일 수도 있다. 어쨌든 기본적으로 설명이란 상대방의 방식에 초점을 맞추고 그가 가장 쉽게 이해할 수 있는 언어로, 최대한 이미지화해서 하는 게 좋은 전달 방법이다. 역시 포인트는 '상대방 맞춤'이다. 어떤 설명이든 한 번에 이해되고 그림으로 술술 그려지게 한다면 화자도 청자도 만족스러운 결과를 얻었다 할 수 있다.

 혹 내 말을 이해하지 못해 재설명 요청을 해온다면 반드시 기존과 다른 방식으로 설명하는 게 1차적인 솔루션임을 기억하자. 사실, 말이 끝날 때까지 설명을 이해하지 못하고 있음을 캐치하지 못한 것도 소통의 문제가 될 수 있다. 재설명 요청을 해오기 전에 상대가 나의 설명을 듣는 과정에서 제대로 이해를 하고 있는지, 어렵지는 않은지, 내 설명 방식이 편안한지 등을 체크하면서 가는 게 좋다. 어떤 부분을 잘못 이해하고 있는지 파악된다면 그 부분만 수정해주면 된다.
 만약 중간에라도 상대가 그림을 잘못 그리고 있다 파악이 되면 새로 설명을 시작하는 게 낫다. 그땐 앞에서 말한 대로 조금은 다른 방식을 이용한다. 매개물을 이용하거나 나보다 전달 코드가 더 잘 맞는 사람의 방식을 빌린다거나 하는 식으로 말이다.

단순히 생각해도 이 말을 이해 못 했으니 다르게 고쳐 말하는 게 좋다 싶은데 생각보다 많은 사람이 그러지 않는다. '이 정도 설명하면 되겠지.' 하며 내 기준에서 생각하고 설명한다.

다분히 일방적인 커뮤니케이션이 늘 문제가 된다. 이 책을 덮을 때 '아, 대화에는 나만 있는 게 아니라 상대도 있지.' 하는 정도만 인지하게 된다 하더라도 반은 성공했다고 본다.

그래서 다시 설명하자면 이렇다.

"6개월에 30kg을 빼는 건 그리 간단하지 않다. 우리 몸의 세포는 음식이 들어오다 안 들어오면 바짝 긴장을 한다. 그러고는 새로 음식이 들어올 때 그것을 꼭 붙들어두기 위해 애쓴다. 그래서 무조건 굶거나 원푸드로 식단을 제한하는 식은 좋은 다이어트가 될 수 없는 것이다. 다이어트를 시작할 때 핵심은 우리 몸의 대사를 정상화시키는 것이다. 즉, 먹은 만큼 쓰게 만들어야 하는데 먹고 쓰질 않으니 남아도는 것이 몸에 독소로 쌓여 염증이 된다. 이 염증 수치를 낮추고 대사를 정상으로 돌리는 것이 다이어트의 성공 열쇠다."

내 설명 방식이 상대에게 무조건 이해되리라는 생각을 버려라. 심지어 '잘 못 알아듣겠다.'라고 재설명 요청을 해오는 순간까지도 내 설명 방식을 고수하는 건 가장 하수의 커뮤니케이션 방법을 고집하는 것과 같다.

3초 코치

1. 내 설명을 상대가 잘 이해하고 있는지 중간 중간 체크하라.

2. 잘 이해하지 못한 부분을 수정해서 설명하라.

3. 전체적으로 나와 다른 그림을 그리고 있다면 설명을 새로 시작하라.

4. 새로 시작할 때는 기존과 다른 방식을 사용하라. 도구를 사용하거나, 다른 언어나 표현을 사용하거나, 다른 사람을 통하거나.

다양한 도구를
말과 함께
사용하기

이번에 설명할 커뮤니케이션 방법은 생각보다 단순한 기술이다. 어떤 내용에 대해 이야기할 때 그 상황이나 대상을 연상할 만한 물리적 도구를 이용하는 것이다. 실제 기술에 비해 내 설명이 좀 어렵게 느껴질 수 있으니 간단한 예를 들어보자.

나와 종종 만나는 콘텐츠 회사 대표가 사무실 이전을 했다고 해서 찾아갔다. 마침 나도 같은 '구'로 이사를 한 지 얼마 안 된 터라 이야기의 화제가 '서로의 거리'로 모아졌다.

"뭐 타고 왔어요?"

"반은 지하철 타고, 반은 걸었어요."

"얼마나 걸렸어요?"

"총 40분 정도?"

"반은 걸었다고 하는 걸 보니 그렇게 먼 거린 아닌가 봐요. 어느 정도지?"

"무슨 동 몇 번지니까 가까운 편이죠. 역으로 치면 7~8 정거장이 안 되니까요."

"오오. 그 동네 이름이 생소하네. 어디쯤 붙어 있는 거예요?"

나는 이쯤에서 그녀의 궁금증을 풀어주기 위해 앞에 놓여 있던 케이크 접시와 컵 두 개를 이용하기로 했다. 가운데 케이크 접시를 놓고는 "여기가 회사."라고 말한 후 컵 하나를 적당한 거리에 놓은 다음 "여긴 우리 집."이라고 말했다. 그리고 나머지 컵을 집 근처에 놓은 후 내가 온 경로대로 쭉 컵을 끌고 오면서 설명을 해주었다. 그녀는 고개를 끄덕이면서 "아~ 그 동네가 거기 붙어 있는 거였구나." 했다. "차로 가면 진짜 금방이겠네요." 하더니 컵과 접시 사이 어디쯤을 가리키면서 "여기가 그 터널 있는 곳이구만." 했다. "맞아요. 거기. 00 백화점 옆이죠." "아 맞다! 그러고 보니까 정확하게 이해가 되네."

지금 우리가 한 대화는 각자의 주관적 언어보다는 서로 같은 이해와 공감을 돕는 비교적 객관적인 언어를 사용한 대화다. 도구를 이용했을 때의 장점은 바로 여기에 있다. 상황을 함께 보면서 공통적인 이해를 끌어낼 수 있다는 것이다. 일단 언어가 같아지기 때문에 이미지화하기가 쉬워진다. 지금 당장은 1인칭이 아닌 3인칭 관점으로 설명하는 셈이다. 이렇게 설명할 땐 언어가 확연히 바뀌는 걸 느낄 수 있을 것이다. 상대방도 쉽게 이해가 가능한 객관적 언어로 말이다.

'말'만이 소통 도구가 아니다

소통에 있어서 말 외에 다른 모든 것이 도구가 될 수 있다. 종이에 메모해서 주는 것도 소통이 되고, 말로 1차적 전달을 한 다음 더 정확히 해두기 위해 카톡이나 메일로 정리를 해서 보내는 것도 소통의 연장선이다. 이는 모두 커뮤니케이션의 객관화 작업이라고 할 수 있다.

우리가 왜 중요한 발표를 할 때 PPT 자료를 펼쳐놓고 하겠는가? 설명을 하다가 "이 내용은 자료 4페이지를 보며 이야기해볼까요."라고 말하는 건 내 설명을 훨씬 더 공통된 이미지로 전달하기 위한 과정이다. 이때의 언어는 자료를 설명하기 위한 정도면 충분하다. 그러면 오히려 감정 언어가 절제되어 불필요한 실수나 오해를 줄이고 설명의 정확도를 높일 수 있다.

각종 자료도 커뮤니케이션을 돕는 '도구'에 포함되며, 바로 앞에 놓인 사물을 적절히 활용하는 것도 좋은 '도구'가 될 수 있다. 어쨌든 포인트는 '함께' 이해가 가능한 언어를 통해 내용을 공유하는 데 있다. 도구는 그 '함께 이해'에 무척 도움이 된다는 걸 알아두자.

3초 코치

1. 말 이외의 다른 도구들도 커뮤니케이션의 훌륭한 도구가 될 수 있다.

2. '도구'는 현재 하고 있는 대화를 객관적 언어로 바꾸고 '공통적인' 이해에 도움을 준다.

격식체와 비격식체를
적절히 섞어 말하기

구어체, 문어체라는 말은 흔히 글쓰기에 사용한다. 말에서 주로 사용하는 표현을 구어, 구어체 또는 입말, 비격식체라고 하고 글에서 주로 사용하는 표현을 문어, 문어체 또는 글말, 격식체라고 한다. 이하부터는 '비격식체', '격식체'로 통일해서 설명해보겠다. 우선, 다음 글을 한번 보자.

❶

여자들은 대부분 '선물'을 좋아한대.
그러니까 누군가로부터 선물을 받는 것
자체를 좋아한다는 거지. 안 그래?
그런데 어떤 사람은 또 그렇게 얘기하더라.
선물을 받는 걸 좋아하는 게 아니라,
'좋은 선물'을 받는 걸 좋아한다고 말이야.

❷

여자들은 대부분 선물을 좋아한다. 즉
누군가로부터 선물을 받는 것 자체를 좋아
한다는 것이다. 안 그런가?
그런데 어떤 사람은 그렇게 이야기하기도
한다. 선물을 받는 걸 좋아하는 게 아니라,
'좋은 선물'을 받는 걸 좋아한다고 말이다.

1번 글은 ~한대, ~거지, ~말이야 등으로 비격식체를 사용했다. 2번은 이에 비해 '~한다', '~그런가?', '~이다' 등으로 격식체를 사용하고 있다. 말로 옮긴다면 드라이하고 끝이 짧을 것이다. 경어체가 들어가도 마찬 가지다.

①	②
여자들은 대부분 '선물'을 좋아한대요. 그러니까 누군가로부터 선물을 받는 것 자체를 좋아한다는 거죠. 안 그래요? 그런데 어떤 사람은 또 그렇게 얘기하더라구요. 선물을 받는 걸 좋아하는 게 아니라, '좋은 선물'을 받는 걸 좋아한다고 말예요.	여자들은 대부분 선물을 좋아합니다. 즉 누군가로부터 선물을 받는 것 자체를 좋아한다는 것입니다. 안 그렇습니까? 그런데 어떤 사람은 그렇게 이야기 하기도 합니다. 선물을 받는 걸 좋아하는 게 아니라, '좋은 선물'을 받는 걸 좋아한다고 말입니다.

이번 장의 제목처럼 커뮤니케이션을 잘하는 사람들은 말에서도 격식 체와 비격식체를 구별하여 사용할 줄 안다. 우리가 보통 친한 사이에는 비격식체를 사용하고 아닌 사이나 공식 석상에서는 격식체를 사용한다 고 알고 있다. 물론 대부분은 그렇다. 그러나 때때로 의도적으로 격식체 와 비격식체를 적절히 섞어 사용함으로써 분위기를 좋게 하거나 상대와 의 거리를 좁히기도 하고, 또 반대로 만들기도 한다.

특히 글과는 달리 말은 억양이나 길이를 가지고 있기 때문에 격식체와 비격식체의 표현이 글과는 좀 의미가 다르다. 조금 더 구체적으로 말하면, 글로 쓰는 문어체에는 억양, 톤, 감정, 끊어 읽기 등의 요소가 포함되지 않는다. 문장은 그저 눈으로 읽는 데서 끝나지만 말은 똑같이 '그래요'라고 써두어도 눈으로 읽는 속도와 상관없이 속도, 리듬, 억양 등에 따라 다르게 들릴 수 있다. 글로 써두고 읽는 것을 시각 신호, 말로 들리는 것을 청각 신호라고 하는데 이 둘에는 분명한 차이가 있다.

격식체로 말하는 것은 다소 드라이하게 들릴 수는 있으나 그렇다고 틀린 말하기는 아니다. 다만 여기에서도 역시 상대에 따라서 이를 얼마나 적절하게 사용할 줄 아느냐가 중요해진다. 예를 들어, 어떤 상황에서 상대방에게 "미안합니다.", "알겠습니다.", "괜찮습니다." 등 격식체로 표현을 했는데 상대방은 진심으로 사과하는 게 맞는지, 정말 알아들은 게 맞는지, 괜찮은 거 맞는지 되물을 때가 있다. 딱딱한 말투에서 감정이 느껴지지 않기 때문에 확인을 하게 되는 것이다.

물론 나는 진심을 다했는데 상대가 그렇게 느끼지 못한다면 이보다 안타까운 일은 없다. 격식체는 리듬감이 떨어지고 감정이 실리지 않기 때문에 감정을 전달해야 하는 상황에서는 좋은 효과를 발휘하지 못할 수도 있다.

반대로 비격식체만을 사용해 오해를 살 때도 많다. 비격식체는 부드럽고 친근한 느낌을 줄 수 있는 요소가 많이 포함된다. 말끝을 올린다든가 길게 빼는 식, 억양 역시 감정이 많이 실리게 되면 상대방에게 그만큼 친근하게 느끼게 할 수는 있지만, 때때로 진지한 상황에서는 "이 상황이 지금 장난 같아?", "내가 하는 얘기가 안 들려?" 하는 피드백을 받을지도 모른다.

때에 따라 격식체와 비격식체를 잘 섞어 사용하면 된다

격식체를 쓰느냐, 비격식체를 쓰느냐는 결국 커뮤니케이션 상황의 분위기를 좌우한다. 따라서 상대방과 내가 지금 어떤 상황에서 무슨 이야기를 하고 있는지를 정확하게 인지하고 그에 맞는 적절한 화법을 사용하는 것이 좋다.

"그렇습니다.", "괜찮습니다.", "미안합니다." 등의 표현을 써야 하는데 조금 더 감정을 싣는 것이 유리한 상황이라면 "그래요~", "괜찮아요~", "미안해요~" 하고 끝을 길게 늘이면서 리듬감을 살려주면 상대방에게 훨씬 부드럽게 다가갈 수 있고, 앞의 소리보다는 더 감정이 잘 실린 청각 신호로 전달이 된다.

즉, 감정적으로 분위기를 좋게 하고 내 마음을 충분히 전달해야 하는 상황에서는 유들유들한 문체를 사용하는 것이다. 친구들과 있는 자리, 친하지 않더라도 조금 더 가까워지고 싶은 사람들과 있는 자리, 딱딱한 자리에서 예의는 갖추면서도 분위기를 살리고 싶을 때는 '다, 나, 까' 표현 대신 '~해요' 등의 표현을 적절히 섞어 쓰면 훨씬 좋을 것이다.

반대로, 명료하게 의사만 전달해야 하는 자리에서는 좀 더 드라이한 격식체, 담백한 표현, 간결한 표현이 더 유리하다. 또 예의를 갖춰야 하는 자리에서도 격식체를 사용해야 한다. "뭐 드실래요?"와 "무엇을 드시겠습니까?" 하는 건 듣는 사람에게 다르게 다가간다.

이때 후자와 같이 표현을 하더라도 끝을 살짝 늘려주면 예의를 갖추면서도 친근감을 표현할 수 있다. 청각 신호에서는 문장의 마무리 처리를 길게 늘리느냐 짧게 쓰느냐도 굉장히 중요한 차이를 가져다준다.

종종 코칭을 받으러 오는 사람 중 프레젠테이션에서 격식체, 비격식체를 어떻게 사용해야 하는지 물어오는 사람이 있다. 프레젠테이션 자리는 대부분 좀 딱딱한 자리가 될 수 있지만, 그렇다고 할 말만 딱딱 정리해서 해야 하는 자리도 아니다. 그렇다면 어떤 방법이 좋을까? 우선, 다음 그림을 한번 보자.

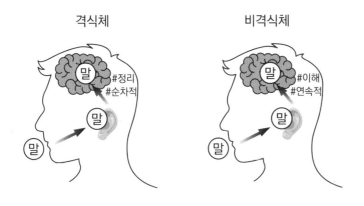

격식체와 비격식체를 사용할 때는 그것이 듣는 사람에게 어떻게 적용되는지를 이해하는 게 도움이 된다. 그림에서 보듯이 격식체는 순차적으로 귀에 들어온 내용을 떠올리고 외우면서 기억해야 하는 특성이 있고, 비격식체는 귀에 들어오는 과정에서 이해가 필요하다는 특성이 있다.

즉, 격식체로 들어온 말은 청각 신호에 의해 들리는 순서대로 차곡차곡 들어와 정리되고, 그것에 대해 생각하기 위해서는 기억된 순서 속에서 끄집어내야 한다. 반면, 비격식체로 들어온 말은 감정, 리듬, 억양 등을 통해 뉘앙스가 함께 들어오기 때문에 연속적으로 느껴지며 전체가 뒤섞여 복합적으로 이해가 된다.

프레젠테이션을 할 때는 상대에게 순차적으로 이해를 시켜야 하는 부분과 복합적으로 뉘앙스를 전달해 이해시켜야 할 부분을 구분하여 말한다면 훨씬 효과적일 수 있다.

발표자를 소개하고 설명을 열어가는 지점에서는 "안녕하세요, 박민우입니다~ / 오늘 할 브리핑은요~ / 피카소의 작품 세계에 대해 설명할 건데요~"라고 이끌어가고, 순차적으로 이해가 되어야 할 부분에는 끝을 짧게 하여 '습니다' 혹은 '-요'로 딱 끊어주면 스마트한 인상을 줄 수 있다. "여기 보이는 것은요." 하는 식으로 말이다.

특히 머릿속에 확실히 각인을 시켜주고자 하는 내용, 강조할 내용이 있다면 '~습니다.', '~요' 등의 끝 처리를 사용한 다음 3초 정도의 여지를 줄 수 있다. 그러면 듣는 사람들이 위 그림처럼 순차적으로 들어온 이야기들을 머릿속에 정리하고 각인시킨 후 다음으로 넘어갈 수 있다. 비격식체를 사용할 때는 3초의 정적을 꼭 사용하지 않아도 된다.

이렇게 설명하면 격식체와 비격식체의 표현이 무척 복잡하게 느껴질 수 있겠지만 이는 어디까지나 이론적으로 이해를 돕기 위함이다. 한 번도 배운 적이 없지만 말을 잘하는 사람, 발표를 능수능란하게 하는 사람들을 보면 본능적으로 격식체와 비격식체를 적절하게 섞어 사용한다.

그들의 특징은 역시 자신보다는 상대방에 초점을 맞추고 그들과 어떤 관계를 형성하고 싶은지, 이 대화의 목적이 무엇인지에 초점을 맞춘다. 탁월한 커뮤니케이션의 열쇠는 결국 상대방에게 있는 셈이다.

3초 코치

1. 말에서 격식체는 명료하고 정확한 표현에 도움을 준다.

2. 말에서 비격식체체는 친근감과 부드러운 표현에 도움을 준다.

3. 상대에 따라, 분위기에 따라, 대화의 목적에 따라 격식체와 비격식체를 적절히 섞어 사용하면 훨씬 효율적인 커뮤니케이션을 할 수 있다.

제대로 붙인 접속사
열 미사여구 안 부럽다

접속사의 정의를 한마디로 표현하지는 못해도 '접속사'가 무엇인지는 대략 이해하고 있을 것이다. 접속사는 문장과 문장을 이어주는 말이다. 말에서는 앞의 말과 뒤에 나올 말을 연결해주는 역할을 하는 단어가 된다. 그런데 접속사는 단순히 '연결'의 의미만을 갖지는 않는다. 어떤 접속사를 사용하느냐에 따라 전달하고자 하는 말의 뉘앙스가 완전히 달라지기 때문이다. 이는 곧 접속사를 통해 내가 하고자 하는 말을 훨씬 효율적으로 전달할 수 있다는 뜻도 된다.

우리가 흔히 "똑같은 얘기도 저 사람이 하면 재밌어.", "말을 진짜 매끄럽게 하는 것 같아." 하고 말하는 사람들을 가만히 보면 접속어를 잘 사용한다는 것을 알 수 있다. 즉, 그들은 모두 접속어를 잘 사용함으로써 '극적인 전개', '반전', '매끄러운 연결' 등을 구사하는 커뮤니케이션의 고수들인 것이다.

접속어에는 아래와 같은 종류들이 있다.

1) 순접 관계	그리고
2) 역접 관계	그러나, 그렇지만, 하지만, 그래도
3) 인과 관계	그래서, 따라서, 그러므로, 그러니까, 왜냐하면
4) 대등, 병렬 관계	또는, 혹은, 및, 이와 함께
5) 첨가, 보충 관계	그리고, 더구나, 게다가, 아울러, 그분 아니라
6) 확언, 요약 관계	요컨대, 즉, 결국, 말하자면
7) 전환 관계	그런데, 그러면, 한편, 다음으로, 아무튼
8) 예시 관계	예컨대, 예를 들면, 이를테면

접속사의 역할을 이해하라

모든 접속사에는 특별한 의미가 있다. 접속사는 앞의 말과 뒤에 이어질 말의 의미를 규정짓는다. 의미를 더할 것인지 반전시킬 것인지 강조할 것인지, 부각할 것인지, 숨길 것인지가 이 접속사 단어 하나에 달려 있다고 해도 과언이 아니다.

물론, 글에서만큼 정교하지는 않다. 말을 할 때는 굳이 그 단어를 쓰지 않아도 서로 이야기를 나눌 때 억양이나 말의 길이, 또 제스처나 표정 등으로 앞과 뒤의 뉘앙스를 구분해주기도 한다. 이 역시 커뮤니케이션의 유용한 도구가 될 수 있으므로 시의적절하게 사용하는 것이 포인트다.

따라서 이번에 꼭 기억해야 할 것은 '접속사'의 역할을 이해하고, 그것이 필요한 때에 효율적으로 사용하면 좋다는 사실이다. 특히 발표나 설명을 할 때 혹은 지시를 내리거나 중요한 내용을 공유해야 할 때 적절한 접속어의 사용은 매우 탁월한 효과를 발휘한다. 아마 직장에 다니는 사람이라면 요약, 정리를 특출나게 잘하는 사람을 본 적이 있을 것이다.

물론 그들은 이야기의 흐름을 잘 탈 줄 아는 타고난 이야기꾼일 수도 있겠지만, 기본적으로 '마무리' 부분에 있어서 앞의 이야기들을 적절하게 정리해내는 능력을 가지고 있다. '요컨대, 즉, 결국, 말하자면' 등의 표현을 통해 전달하고자 하는 내용을 듣는 사람의 귀에 쏙쏙 들어가도록 정리하는 것은 직장생활에 있어 특히 도움이 된다. (물론 어떤 관계, 상황에서든 도움이 된다.)

지시를 내릴 때 인과 관계, 일의 순서 등을 상대방이 기억하기 쉽도록 말하는 사람들 역시 접속사의 달인이라 할 수 있다. 발표할 일이 많거나 상대방에게 내 말을 정확하게 이해시키고 확실하게 기억시키고 싶다면, 접속사에 대한 올바른 이해와 사용은 필수라고 할 수 있다.

3초 코치

1. 접속사를 잘 사용하면 하고자 하는 말을 정확하게 전달하는 데 도움이 된다.

2. 접속사는 단순히 '연결'의 의미가 아니라 문장에서 다양한 역할을 한다.

상대방을 내 이야기에
몰입시키고 싶다면
오감을 모두 사용해 표현하라

내가 아는 지인 중 글쓰기의 달인이 있다. 그녀가 진행하는 글쓰기 클래스의 첫 번째 내용이 바로 '오감으로 표현하기'다. 언젠가 내가 그녀에게 "왜 오감으로 표현하기가 첫 번째 수업이냐?"고 묻자 이렇게 대답했다.

"사람들에게 아이스크림을 묘사하는 글을 써보라고 하면 '맛있다', '달콤하다', '차갑다' 등으로 표현합니다. 한 줄로 표현하라고 하면 그나마 이 정도라도 끄적이지만 다섯 줄로 써보라고 하면 갑자기 얼음이 되어버리죠. 아이스크림에 대해 이 이상으로 말할 내용이 없다면서 말입니다.

가만히 생각해보면 우리는 살면서 어떤 대상에 대해 혹은 상황에 대해 이 정도 이상의 표현하는 경우가 잘 없어요. 굉장히 단편적인 표현을 하는 데 익숙해져 있다는 얘기죠.

분명 우리에겐 오감이 있는데 그중 하나 정도(대부분 시각)를 이용해 표현할 뿐이에요. 관찰력은 현저히 떨어지고 내가 본능적으로 어떤 느낌을 가지고 있는지에 대해 생각해볼 기회를 전혀 갖지 못한 채 살아갑니다. 아이스크림이 어떤 냄새이고, 어떤 맛이며, 무슨 색깔이며 어떻게 생겼고, 어떤 촉감이 느껴지며 관련된 소리엔 어떤 게 있는지… 이 모든 걸 떠올려본 적이 있나요? 관찰한 적도 없거니와 생각해본 적도 없죠. 하지만 느끼긴 했을 거예요. 그걸 표현할 기회가 없었으니 느낌을 떠올려본 적도 없는 것이고요.

따라서 오감으로 표현한다는 건 우리 뇌의 일부를 깨우는 작업이며 확장하는 작업이기도 합니다. 보통 첫 시간에 이 수업을 하고 나면 다음 수업의 글은 매우 달라집니다. 글쓰기의 기술이 늘어서가 아니라 일단 글을 써야 하는 대상에 대한 관찰을 하게 되고 자신의 느낌에 귀를 기울이게 되거든요. 감각이 깨어나고 뇌가 확장되는 거죠."

설명과 묘사는 오감으로 표현할 때 더욱 빛난다

사실, 오감으로 표현하기는 위에서 인용한 그녀의 말로 충분히 대신할 수 있을 정도다. 내 수업 역시 '오감으로 표현하기'로 시작하는데, 글과 마찬가지로 말 역시 오감을 사용해 표현하는 일이 생각보다 많지 않다. 그러나 오감을 모두 사용해 말을 하면 듣는 사람은 훨씬 생생하게 말하는 이의 감정을 전달받는다. 일반적인 설명보다 대상을 그리기가 쉬워지며, 어떤 상황에 대해 상상하기도 쉬워진다.

"겨울에 제주도를 갔는데, 바람은 찼지만 밤바다는 정말 멋졌어요. 야간의 카페도 예뻤고요."보다는 "노을이 다 지고 나서 제법 어둑해진 밤이었죠. 겨울이었는데 제주도의 밤공기는 서울보다 훨씬 차가웠어요. 바닷가에 서 있으니 한 번씩 거세게 바람이 불어왔는데, 짠 바다 냄새가 훅 느껴지는 것 같았어요. 볼이 내 얼굴을 때리듯 스치고 갔죠. 그때 야간 개장을 하는 카페들이 주황색 불빛을 약속이나 한 듯 쫙- 켰어요. 그 모습이 얼마나 아름다운지 가슴이 막 벅차올랐죠. 정말 멋진 제주도의 밤이었어요."가 훨씬 생생하지 않은가? 벌써 그곳의 그림이 마구 그려지는 듯하다.

이런 말하기는 매우 좋은 '활동'이다. 내가 '활동'이라고 표현한 것은 실제로 내 수업에서 이와 같은 활동을 통해 말하기는 물론 심리적으로도 긍정적 변화가 일어난 일이 많았기 때문이다. 내가 어떤 느낌을 가졌는지에 대해 몰입하고 끄집어내는 일, 특히 그것을 오감으로 표현하는 활동은 오롯이 '나 자신'에 집중하게 해주는 매우 좋은 활동이 된다. 또 여러 사람이 같은 대상이나 같은 경험에 대해 묘사를 해보면서 각각 어떻게 느꼈는지를 비교해보는 작업도 표현과 감정의 다양성을 경험하는 데 중요한 역할을 한다. 그래서 나는 종종 고객들이 모인 단톡방에 그림 하나를 업로드한 후 '오감으로 표현해보라.'는 미션을 주곤 한다. 그러면 매우 다양하고 재미있는 표현들이 올라온다.

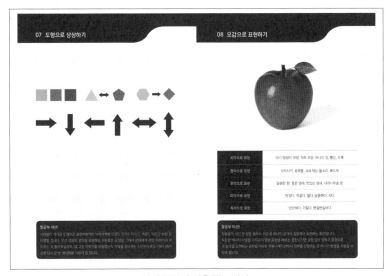

실제 강의에 사용하는 예시

우리는 경험도 다르고 생각도 다르고 가지고 있는 정보, 지식도 각각 다르기에 같은 것을 보고도 다르게 느끼고 표현하는 것이 당연하다. 그래서 일상적인 대화 속에서의 오감 표현은 대화를 더욱 풍성하게 해준다.

그러나 '오감으로 표현하기'가 더욱 빛날 때는 설명과 묘사가 필요할 때다. 커뮤니케이션의 고수들은 마치 듣는 사람이 그날, 그곳에 함께 있었던 듯한 착각을 일으킬 정도로 생생한 표현을 통해 듣는 이를 몰입하게 만든다.

"어젯밤에 먹은 낙지 진짜 맛있더라."가 아니라 "어젯밤에 낙지집에 갔는데, 글쎄 살이 통통하게 오른 강호동 주먹만 한 낙지가 나왔더라고. 양념 냄새가 어찌나 달짝알큰한지 끓기도 전에 훅 – 코로 올라왔어. 맵싸한 냄새에 못 이겨 다리 하나가 익자마자 빨간 양념을 가득 묻혀 입에 넣었는데 쫄깃하면서 달콤짭짤한 게 아주 그냥 소주 없이 먹기는 진짜 아쉽더라."라고 표현할 것이다. 전자의 말을 듣는 사람은 "오, 그래?"에서 끝났겠지만 후자의 이야기를 듣는 사람들은 "진짜? 거기가 어딘데!" 하고 물을 것이다.

정보를 효율적으로 전달하고 상대방을 몰입시키거나 설득하고 싶다

면, 오감을 이용한 생생한 표현은 매우 도움이 된다. 이 훈련은 그리 어

렵지 않다. 하루에 한 가지 대상만이라도 떠올려 오감으로 표현해보자.

1~2주만 해도 효과는 매우 탁월하게 나타난다. 사진 한 장을 첨부하니

위의 예시를 참고하여 지금 당장 한번 해보는 것도 도움이 될 것이다.

3초 코치

1. 오감으로 표현하기는 그동안 들여다보지
   못한 느낌들을 일깨워준다.

2. 매일 대상 하나를 정하고 오감으로
   표현해보자.

Check Point 24.

상대의 입에서
내가 원하는 말이
나오게 하라

좀 오래된 책이긴 하지만 커뮤니케이션 전문가들 사이에선 필독서라고 여겼을 만큼 유명한 책이 있다. 바로 《콜드리딩》이라는 책이다. 이책은 제목만 보면 잘 모르지만 부제를 들으면 매우 섹시하게 느껴지는데, '전 세계 1%만이 사용해온 설득의 기술'이 바로 그것이다. 전 세계 1%들이 사용했다는 설득의 기술이라니. 참, 말만 들어도 솔깃하다. 설득을 잘하는 사람 중 최고수는 사기꾼이라는 말이 있고 그들은 99%의 진실과 1%의 거짓으로 상대방으로부터 원하는 걸 얻는다는 말도 있다. 그만큼 그들은 커뮤니케이션의 고수다.

설득의 고수가 되기 위한 방법 중 꽤 고단수라고 할 수 있는 방법 한가지를 이야기해볼까 한다. 일본 도쿄에서 태어나 일본에서 가장 예리

하고 탁월한 커뮤니케이션 전문가로 유명한 저자 이시이 히로유키가 쓴 《콜드리딩》이라는 기법은 이야기는 내가 하지만 상대는 내가 원하는 답을 하게 만드는 방법들을 포함한다. 그들은 주로 '질문'을 통해 내가 절대 듣고 싶어 하지 않는 말을 피하거나 숨기는 것으로부터 시작한다.

예를 들어, 데이트를 하고 싶은 상대가 있다고 하자. "오늘 시간 있으세요?"라는 말은 그들이 절대 하지 않는 말이다. 대신 이렇게 묻는다. "일 끝나고 커피 할까요, 아니면 식사를 할까요?"

   즉, 이번 장의 핵심은 바로 '질문'에 있다.

원하는 답은 유도하는 질문에서 나온다

   컨설턴트들이 흔히 사용하는 방법 중 하나가 폐쇄형 질문이다. 선택지가 10개가 있어도 그들은 미리 자신들이 원하는 답을 2개로 최소화시켜 던진다. 예를 들어, 핸드폰 대리점에 갔을 때 모든 종류를 기기를 다 보여주지 않는다. 고객을 놓치지 않는 판매원, 나아가 잘 파는 판매원은 이렇게 물을 것이다.

   "죽이는 신상들을 보여 드릴까요, 성능에서 좀 많이 차이가 나긴 하지만 저렴한 애들로 보여 드릴까요?" 둘 중 일단 한쪽으로 선택을 하면 판매원은 쇼케이스에서 기기를 몇 개 선택해 내놓을 것이다.

이때 전자의 경우 가장 비싼 것 2개와 살짝 가격이 낮은 1개 정도를 꺼내 보여주고, 후자의 경우 저렴한 기기 중 성능이 매우 안 좋거나 단종되기 직전의 기기 2개와 가격이 신상에 거의 가깝지만 신상은 아닌 기기 1개 정도를 같이 보여줄 것이다. 나라면 신상도 슬쩍 옆에 둘지 모른다. 그런 다음 열심히 설명이야 하겠지만 단종 직전의 기기는 시큰둥하게 여기도록 만들고 좀 더 비싼 옛날 폰을 보여줄것이다. 하지만, 신상과 큰 차이가 나지 않는다는 걸 알면 이제 신상 쪽으로 슬쩍 갈아탈 것이다. 그때 신상 중에서도 괜찮은 것과 아닌 것을 비교하다 보면 결국엔 또 얼마 차이가 나지 않는다고 느끼며 '까짓거' 최신상으로 사게되는 것이다.

이러한 기법에서의 핵심은 원하는 답을 얻기 위해 질문으로 유도를 해나가는 것이다. '이 중에서 어떤 걸 고르시겠어요?' 하고 쫙 보여주는 것이 아니라 이미 내가 추려둔 최선과 차선 중 선택하게 만드는 것이다. 질문의 장점은 답을 내가 주입시키는 것이 아니라 상대방이 고민하고 선택한 것으로 얻어낸다는 데 있다.

내 경우를 예를 든다면, 내 코칭을 들을까 말까 고민하며 한 고객이 찾아왔다고 하자. 자신의 고민을 털어놓는 동시에 나에 대한 탐색을 시작한 고객에게 나는 묻는다.

"보통 1:1로 수업하시는 걸 선호하세요, 아니면 몇 명이 같이 하는 게 좀 편하세요?"

그러면 그는 대답한다.

"음… 사실 혼자 하는 게 좋죠. 비용 차이가 크지 않다면 웬만하면 혼자 하고 싶어요."

"시간대는 주말 오후? 아니면 평일 저녁?"

"토요일 오후가 가장 여유가 있긴 해요."

"잘됐네요. 지금 마침 토요일반 한 분이 이번 주에 마감했거든요. 생각보다 코칭이 잘 반영되어서 3개월 예상했었는데 2개월 만에 끝났어요."

"아, 그래요?"

그리고 자연스럽게 수업에 등록하는 것으로 이어진다.

상대방으로부터 원하는 답을 얻고 싶다면 상대방에게 최소한의 선택지를 이용한 질문을 하라. 일 질문은 엄밀히 말하면 원하는 답을 위한 폐쇄형 질문이다. 때때로 일을 할 때는 이 방법을 이용해 매우 구체적으로 추궁하듯이 탐정처럼 하는 경우도 많이 있다. 또 심리적인 부분을 이용해 상대로부터 긍정 혹은 부정의 대답을 끌어내게 만드는 경우도 많다.

범위를 넓게 주고 이야기를 끌고 가는 것보다 질문을 통해 답을 유도하는 커뮤니케이션 방법은 생각보다 훨씬 상대방의 진짜 생각을 잘이끌어낸다. 질문을 받았을 때 듣는 사람은, 두 선택지 중 내게 해당하는 내용이 있는지를 파악하고, 없다면 나의 진짜 답이 무엇인지를 고민하게 되기 때문이다.

따라서 이 유도 질문의 기술은 상대방의 진짜 생각을 알고 싶을 때, 또 내가 원하는 답을 얻어내고 싶을 때 사용할 수 있는 매우 효과적인 방법이다. 그런 의미에서 묻고 싶다. 이 책을 읽는 당신은 이후 한 권만 더 사서 지인 한 명에게 선물할 것인가, 아니면 가장 친한 친구 3명을 위해 3권을 더 구입할 생각인가?

1. 원하는 답을 얻고 싶다면 선택지가 2개인 질문을 던져라.

2. 그 선택지 속에는 반드시 내가 원하는 답이 있어야 한다.

3초 코치

160

Part 4

나도 이기고 상대도 이기게 만드는
고수의 대화법

불편한 말도 쉽게

어려운 말도 재밌게

어떤 말이든 기쁘게

Check Point 25.
내가 처할 수 있는
상황을 먼저 예측하라

이번엔 '비즈니스' 상황에 사용될 기술이다. 물론 일반적인 상황에서도 효과적으로 사용할 수 있다. 어쨌든 목적은 '리스크'를 줄이고 서로 윈-윈이 되는 결과를 이끌어내는 데 있다는 점을 기억하자.

커뮤니케이션은 단순히 '말하기'가 아니다. 잘 준비해서 잘 전달하고 또 좋은 답과 이야기를 끌어내어 잘 듣는 일체의 행위와 관련된 기술이다. 이러한 커뮤니케이션은 가족과 친구, 동료 등 모든 관계에서 다 필요하며 효율적일수록 훨씬 풍성하고 행복한 관계가 형성된다. 커뮤니케이션은 마음을 교류하고 감정을 공유하는 매우 행복한 행위다. 그것이 좀 더 효율적으로 이루어지며, 목적을 이루어내는 쪽으로 이루어지기 위해 우리는 다양한 기술을 배우고 익혀야 하는 것이다.

이번 장에서 '내가 처할 수 있는 상황을 예측한다'는 것은 입 밖으로 내야 하는 커뮤니케이션 기술은 아니다. 이 과정은 효과적인 커뮤니케이션을 준비하는 과정에 가깝다.

시뮬레이션하라

주변을 보면 유독 인간관계를 잘하는 사람이 있다. 실수가 적고 오해의 상황을 잘 만들지 않으며 일에서도 좋은 결과를 잘 이끌어낸다. 그들은 대부분 일이든 관계든 '리스크'를 잘 관리하는 사람들이다. 그리고 그들이 리스크를 관리하는 방법은 생각보다 어렵지 않다. 그 답은 바로 '시뮬레이션'에 있다.

상담을 하다 보면 심리적으로 불안감을 많이 안고 있는 사람이 올 때가 있다. 솔직히 말하면 말하기에 자신이 없거나 말실수 혹은 의도한 대로 나가지 않는 말 때문에 늘 관계가 깨지는 사람들은 일어나지도 않은 일 때문에 두려워하거나 극도의 불안감을 가지고 있는 경우가 많다.

그들은 관계에서도 매우 방어적이기 마련이며, 그 방어적 태도가 말에서도 어김없이 실수를 불러온다. 혹은 해야 할 말을 안 해서 오해를 만들어내는 경우도 수없이 많고, 그렇게 생각해보지도 않았으면서 엉뚱하게 넘겨짚어 상대를 당황하게 만들기도 한다. 상대가 먼저 공격해오거나 자신이 감당하기 힘든 상황이 일어나는 게 극도로 싫기 때문이다.

그런 심리를 가진 사람들을 포함, 일반적인 사람에게도 해당하는 '리스크를 줄이고' 불안감을 덜어내는 방법은 '일어날지도 모를' 그 상황을 미리 예측해보는 것이다. 다음 예를 한번 보자.

A는 오늘 B를 만나기로 했다. A와 B는 10년 동안 단짝 친구였지만, A가 직장을 구할 때 B는 취업에 실패함으로써 둘 사이는 자연스럽게 멀어지게 되었다. A가 여러 차례 연락을 시도했지만 B는 그를 만나주지 않고 오히려 피했다. 그러다 결국 둘의 연락은 영영 끊기게 되었다. 그러던 어느 날 앨범을 정리하던 B는 A가 자신에게 얼마나 소중한 사람이었는지 기억해내게 되었다. B는 용기를 내어 A에게 연락을 했고 둘은 약속 시간을 잡았다. 그리고 D-day.

아침부터 B는 심장이 터질 것처럼 뛰기 시작했다. 5년 만에 베프를 만날 생각에 가슴이 떨려서 그런 것도 있지만, 말주변이 없던 자신이 A의 행동에 어떻게 대처하는 게 좋을지 통 감이 안 왔기 때문이다. A가 자신에게 어떻게 나올지 도저히 상상도 되지 않았다.

이때 B는 A를 만났을 때 어떤 일이 벌어질지에 대해 몇 가지를 상상해볼 수 있다. 나의 경우, 2가지만 생각해보라고 권유한다. 너무 많은 선택지는 오히려 머리만 아플 수도 있기 때문에. 그 2가지는 간단하다. '최악의 경우'와 '최상의 경우'다. 그리고 그에 대한 대비를 미리 상상으로 해두는 것이다.

B가 A를 만났을 때. 최악의 경우는 A가 B에게 소리를 지르며 막말을 해대는 것이다.

"지금 와서 나를 만나겠다고? 어쩜 그렇게 뻔뻔할 수가 있지? 정말 미쳤구나, 너란 애! 꼴도 보기 싫어. 다시는 연락하지 마. 그 말 하려고 나왔어. 한 번 안 만나주면 또 뜬금없이 연락 올 것 같아서. 그 자체로 진짜 스트레스거든!"

최상의 경우는 서로의 손을 맞잡고 "우리 그때 일은 다 잊자. 나도 잘한 건 없어. 옛날 생각 많이 나네. 우리 자주 연락하고 지내자." 정도일 것이다. 그러면 최악의 경우가 되었을 때 어떻게 대처할 것인지 미리 그려볼수 있다.

"그래. 알겠어. 옹졸한 X 같으니라고!" 하고 B 역시 뛰쳐나가거나 A와 아예 연을 끊을 수 있다. 아니면 "정말 진심으로 미안해… 그때 나도 정말 마음이 힘들었거든. 몇 번이나 연락하고 싶었어. 정말 네가 그리웠어." 하며 자신의 마음을 진심으로 전달해볼 기회를 가질 수 있다. 그럼에도 불구하고 나쁘게 나온다면 그땐 기꺼이 보내주겠다는 마음가짐도 해볼 수 있다.

이렇게 한번 그 상황까지 가보는 것과 아닌 것은 내 마음에 다가오는 충격의 정도에 큰 영향을 미친다. 적어도 이런 상상을 해본 후에는, 바꿔 말해 최악과 최상까지 다녀온 경우에는 그 외의 어떤 상황이 펼쳐져도 덜 당황할 수 있다. 조금은 유연하게, 또 자연스럽게 대처도 가능해진다.

비즈니스에서 이런 시뮬레이션은 결과 도출 지점이 명확해지기 때문에 일 자체가 매우 명료해진다는 장점이 있다. 그래서 비즈니스에서는 필수적인 기술이기도 하다. 즉, 사전 진단을 하고 일에 돌입한다는 의미가 된다. 예를 들어 큰 계약을 위해 미팅을 한다고 했을 때 상대방이 내놓는 결과에 어떻게 대응할 것인지 준비를 해서 가는 것이기 때문에 협상 포인트를 마련할 수 있다. 내가 허용할 수 있는 범위를 설정하고 거기에 대한 무기를 들고 가는 셈이 된다.

"상대방이 1,000원을 부를 텐데 내가 500원으로 깎는다면 어떻게 반응할까? 그쪽에서 900원으로 내리면 나는 700까지 불렀다가 조율이 안 되면 800 정도에서 흔쾌히 받아들이자."

상대방도 나와 같은 준비를 해왔다면, 이 협상은 누구도 지는 사람이 없는 게임이 된다. 시뮬레이션 방식은 비즈니스에서는 특히 서로가 만족할 만한 결과를 도출하는 매우 유용한 기술이다.

결국 커뮤니케션의 정점에는 '이기는 대화', '지지 않는 대화'라는 공식이 자리한다. 좋은 대화는 누구도 지는 사람을 만들지 않는다. 미리 준비하는 대화는 오해를 줄이고 리스크를 줄인다. 그런 대화를 하는 관계는 결코 쉽게 무너지지 않는다. 내가 커뮤니케이션의 대가들을 관계의 대가라고 부르는 이유다.

1. 대화를 앞두고 있다면 최악의 상황과 최상의 상황을 시뮬레이션하라.

2. 상황을 미리 예측하는 것은 리스크를 최소화하기 위한 커뮤니케이션 기술이다.

3초 코치

Check Point 26.

최대한 쉬운 어휘를 사용해 어려운 내용을 이해했다고 느끼게 해주어라

나는 꽤 오랫동안 이 일을 해왔기 때문에 정말 다양한 직업, 취향, 성향들의 사람들을 골고루 만나게 된다. 그렇게 오랫동안 여러 사람들과 대화를 하다 보니 본의 아니게 많은 걸 알게 되고, 또 다양한 사람들의 코칭을 위해 다양한 경험과 지식을 쌓다 보니 수많은 취미가 특기가 생겨나기도 했다. 그럼에도 불구하고 대화가 무척 어려운 사람들이 있다.

누구라고 특정할 수 없지만, 일주일에 한 번씩 만나 컨설팅을 했던 M사의 이사님은 가뜩이나 편안히 두고 싶은 나의 두뇌를 쉴 새 없이 굴리게 만들어 그 만남이 끝나고 오는 길은 녹초가 되곤 했다. 다름 아닌, 그가 사용하는 언어들 때문이다.

사실, 대화에 있어 나는 화자가 되기도 하고 청자가 되기도 한다. 그래서 내 말하기 방식이 상대를 충분히 만족시켜주고 있는지를 체크해가면서 말하고, 도 충분히 상대방의 말을 '잘 이해하고 있다'는 리액션을 해가면서 듣는 것은 매우 중요하다. 내가 아무리 말을 잘한다고 해도 상대방이 잘 이해하고 있지 못하다면 그건 실패한 커뮤니케이션이 된다. 말도 잘하고 목소리도 좋고 기승전결도 분명한데 상대방이 내 말을 정확하게 이해하지 못하거나 따분해하거나 리액션이 시원찮거나 나처럼 힘이 빠져 보인다면. 이런 경우는 보통 상대방이 잘 이해할 수 없는 '언어'를 사용하기 때문이다.

앞에서도 이와 비슷한 이야기를 한 적이 있는데, 상대방의 지식수준이 낮거나 높다의 기준을 따져보라는 뜻이 아니다. 커뮤니케이션의 목적은 내가 의도한 바를 정확하게 전달하고 나 역시 상대방이 전달하고 싶은 것을 잘 이해하는 것이다. 그렇다면 커뮤니케이션의 핵심은 듣는 사람이 되어야 한다. 그런데 왜 우리는 상대가 이해할 수 없는 커뮤니케이션을 자꾸만 하게 되는 걸까?

눈높이를 맞추고 어깨에 힘을 빼라

M사 이사님과 회의를 하고 나면 1시간 정도는 모르는 단어를 찾아보아야 했다. 보통은 솔직하게 "이 단어는 무슨 뜻이죠?"라고 명확한 의미를 묻는 편인데, 그러다 보면 1시간 만에 끝나야 할 이야기가 2시간이 되고 상대방의 이야기가 뚝뚝 끊길 수 있다는 점 때문에 이런 수고를 감수해야 했다.

보통 상대가 이해할 수 없는 커뮤니케이션을 하는 것은 두 가지 이유 때문이다. 첫째, 지금 말하는 분야의 전문가에 해당하는 사람은 '나'뿐인데, 초보인 상대를 놓고 내 언어로 얘기하기 때문이다. 둘째, 그렇게 말하면 유식해 보인다고 생각하기 때문이다.

일반적인 대화들을 가만히 들여다보면 대부분의 사람이 주요하게 사용하는 언어 속에 직업, 전문성과 관련된 것들이 담겨 있다. 그 환경에 길들여진 언어가 '나의 언어'가 되기 때문이다. 나 역시 그럴 때가 많기에 충분히 이해한다. 그러나 상대방이 나와 전혀 다른 경험의 소유자 혹은 다른 직업군의 사람이라고 할 때 이렇게 길들여진 나의 언어 표현은 상대방에게 매우 폭력적으로 다가갈 수 있다. 여기서 '폭력'은 무력을 말하는 것이 아니다. 듣는 이를 피로하게 만들고, 무식하게 만들고, 엉뚱한 답과 생각을 떠올리게 만든다는 뜻이다. 이것은 폭력에 가깝다.

M사 대표님과 이야기를 하고 있노라면 '진짜 너무한 거 아니야?' 하는 다소 과격한 생각들이 대화 도중에 불쑥불쑥 튀어나오기 마련이다.

나에겐 아무리 익숙한 표현들이라 해도 상대방에겐 생소할 수 있다. 이는 상식적인 이야기지만 대화에 적용하기란 쉽지 않다. '화상 전화'라는 단어를 무심결에 '컨콜'이라고 계속 사용한다. 그에게는 그게 익숙하지만 나에겐 익숙하지 않다. 이것을 잘 못 알아듣는 상대에게 "보통 이런 말 쓰지 않나?"라고 하는 순간 화자는 청자를 루저로 만들어버리고 만다. 그런 대화가 건강하고 행복한 대화가 될 리가 있겠는가.

또 두 번째 경우처럼 내가 상대보다 많이 알고 있다는 것을 혹시 나타내려고 한 건 아닌지, 아니면 이렇게 표현하면 좀 더 유식해 보일 것 같아서 그런 건 아닌지 솔직하게 짚어볼 필요가 있다. 말하는 사람이 계속 이 태도를 고수하면 상대는 몰라도 아는 척을 하며 대화를 이어나갈 수밖에 없다. 말하는 이가 상대방을 살피지 않고 일방적으로 쏟아내게 된다면 그 대화 역시 실패로 이어진다.

일전에 출판사 쪽과 미팅을 하는데 "한 세 꼭지 정도는 쓰셔야 해요. 한 꼭지에 2페이지는 되어야 하구요. 40꼭지 정도 넉넉하게 쓰시는 게 좋죠." 이런 식의 대화가 쭉 이어지고 난 후 미팅의 끝자락 즘에 내가 "근데 꼭지 꼭지 하시는데 그 꼭지는 대체 무슨 꼭지를 의미하시는 거죠?" 라고 해서 상대방이 빵 터진 적이 있다. 한참 웃은 다음 사과를 건네오 긴 했지만, 이 역시 참 무례한 대화인 건 사실이다.

커뮤니케이션을 잘 이끌어가고 싶다면, 바꿔 말해 성공적인 커뮤니케이션의 주인공이 되고 싶다면 내가 화자의 역할을 할 때 청자의 반응을 잘 살펴라. 내가 유식해 보이는 데 의미를 두지 말고 상대방의 경청 태도를 잘 살피면서 이해가 안 되는 지점을 민감하게 짚어보자. 그리고 센스 있게 상대방의 언어와 맞춰주는 것이다. 애당초 최대한 공통적인 언어(일반적으로 사용하는 언어), 쉬운 언어를 사용하는 게 좋다. 한 가지 팁을 더 주자면, 말하는 중 상대방이 내 말을 잘 이해하고 있는지 질문을 통해 슬쩍 체크해봐도 좋다.

"세 꼭지 정도 꼭 써야 한다는 건 이해하신 거죠?"

이 질문에 "네?"라고 되물어온다면 상대방이 내 말을 잘 이해하지 못한다는 사실을 감지하고 슬쩍 바꿔 말해준다.

"네. 목차로 치면 큰 목차 안에 있는 작은 세 개의 원고 말이죠. 그 정도는 꼭 쓰셔야 한다구요."

"아, 네, 네. 그래야죠."

그리고 듣는 사람 역시 상대방의 이야기를 이해하지 못하고 있으면서도 이해하는 척하는 건 좋은 대화법이 아니다. 내가 만약 듣는 사람이라면 조금 더 적극적인 태도가 필요하다.

"그 말은 좀 바꿔서 설명해주시면 좋겠어요. 용어들이 우리 쪽과 달라서 많이 생소하네요."

"잠시만요. 방금 말씀하신 거 이러이러하다는 게 맞나요? 제대로 이해했나 싶어서요."

이러한 커뮤니케이션은 서로에게 성장을 가져다준다. 내가 이해한 것을 정리해서 되물어보면 말한 사람은 자신의 말이 제대로 전달되지 못했음을 캐치하고 정정하기 위해 노력한다. 이 과정에서 서로 성장이 일어나고 대화는 점점 더 건강하고 발전된 형태로 바뀌어간다.

고정된 커뮤케이션이란 없다. 커뮤니케이션 역시 관계처럼 끝없이 변화하고 발전한다. 적극적인 태도로 서로 조율해가는 과정을 통해서 말이다. 핵심은 이것이다. 상대가 이야기할 때 내 얘길 잘 알아듣고 있는지 면밀히 관찰하라. 그리고 암묵적으로 최대한 쉬운 언어를 써라. 또한 적극적으로 듣고 질문하라. 이러한 조율 과정을 통해 커뮤니케이션을 발전시키고 화자와 청자로서 각각 성장하라.

3초 코치

1. 말에서 격식체는 명료하고 정확한 표현에 도움을 준다.

2. 말에서 비격식체체는 친근감과 부드러운 표현에 도움을 준다.

3. 상대에 따라, 분위기에 따라, 대화의 목적에 따라 격식체와 비격식체를 적절히 섞어 사용하면 훨씬 효율적인 커뮤니케이션을 할 수 있다.

Check Point 27.

맥락을 흩트리는
'거시기' 제거하기

어떻게 들릴지 모르겠지만 조금은 뼈 아픈 진실을 이야기하자면, 마흔 살이 넘어가면 우리는 자신도 모르게 '지시어'를 많이 쓰게 된다. 전라도 사람들이 잘 사용하는 '거시기'처럼 '이것', '저것', '그것' 등 지칭하는 대상에 대해 명확히 하지 않고 모두 지시어로 대체해 사용하는 것이다.

이런 커뮤니케이션을 하는 사람들의 대화를 보고 있으면 '거시기' 하나만으로도 서로 이해가 되는 경우도 있고, 한쪽에서만 '거시기'를 사용해서 다른 한쪽이 그 맥락을 짚어가느라 애를 먹는 경우도 있다. 어떤 경우든 내 입장에선 매우 기이하다. 중요한 건 언제나 상대를 피로하게 만드는 대화는 좋은 대화가 아니라는 점이다. 특히 지시어가 많은 대화

176

는 주제마저도 다른 곳으로 흘러가기 마련이다. 주어가 생략되거나 목적어가 없거나 지시하는 대상도 말은 하나(그것)이지만 실제 대상은 여러 개인 상황이 많은 채 대화가 길게 이어지면, 대화가 마무리될 때쯤엔 전혀 다른 결과가 나오기도 한다. 결국, 정확한 표현, 친절한 표현이 답이다.

최대한 지시대명사를 줄여서 사용하라

물론 반복되는 정보는 생략되기 마련이다. 특히 동종업계 사람들끼리 익숙한 이야기를 하는데, 굳이 구구절절 계속 반복해주는 것은 '말귀 못 알아들었냐'는 말을 듣기 십상이다. 그러나 이런 경우가 아닐 때는 얘기가 달라진다.

모든 이야기에는 맥락이 있는데, 이야기를 하는 사람은 보통 그 맥락을 머릿속에서 이어가고 있기 때문에 자기 판단대로 단어들을 생략해버린다. 따라서 '거시기'가 많은 대화에서는 듣는 사람의 노력도 매우 중요하다. 듣는 사람은 말하는 사람의 핵심 맥락을 놓지 않기 위해 잘 집중을 해야만 한다. 그리고 중간중간 맥락을 놓친 부분, 정확히 이해가 안 가는 부분을 반드시 짚고 넘어가야 한다.

"이 얘기 하시는 거죠?", "이러이러한 얘기인 거죠?"

그러나 대화의 시작은 늘 '말하는 사람'에게 있기 때문에 그 시작점을 잘 잡는 게 무엇보다 중요하다. 그 시작점은 바로 '거시기'의 생략이다. 영어로 치면 'it'이 될 것이다. 나는 '거시기'라고 표현했지만 대상을 지칭하는 모든 대명사가 될 수 있다. 그것, 저것, 이것 등등. 기업 내에서는 특히 경력 차이가 있는 관계에서 사용하는 언어는 하나로 통일될 수 없다. 드라마 〈미생〉에서 수십 년 바둑만 두던 주인공 장그래가 무역회사에 취업해 겪었던 고통이 가장 생생한 사례가 될 것 같다. "그거 갖고 와.", "거기서 연락 왔어?", "아직도 이걸 몰라?", "어제 그쪽에서 연락 왔었습니다." 등등.

이는 비단 미생 이야기만이 아니다. 상사가 말하는 '그것'과 부하가 이해한 '그것'이 달라서 발생하는 커뮤니케이션 오류와 폐단은 얼마든지 많이 있다. 따라서 애당초 이런 것들을 최대한 줄이거나 상대방의 이해도를 먼저 살핀 후 편하게 대화하는 방법 등을 사용해야 한다. 기억하자. 대화 속의 '거시기'는 효율적이고 행복한 커뮤니케이션에 아무런 도움이 되지 않는다.

3초 코치

1. 커뮤니케이션을 이루는 대화의 내용에
   지시대명사가 많이 들어가선 안 된다.
   '거시기'를 최대한 빼고 이야기하자.

2. 듣는 사람의 적극적인 태도도 매우
   중요하다.

Check Point 28.

대화의 핵심 주제,
주요 단어는 빼먹지 않기

뭐니 뭐니 해도 가장 비효율적인 대화는 실컷 많은 이야기를 나누었는데 서로 대화의 주제가 뭐였는지, 꼭 기억해야 할 게 무엇인지 전혀 감을 잡지 못할 때다. 물론 우리의 일상적인 모든 대화 속에 꼭 주제가 있거나 기억해야 할 게 있는 건 아니다. 그냥 시시껄렁한 수다도 있을 수 있고, 지금 이 순간이 지나면 다 잊어버려도 상관없는 화풀이 대화를 나눌 때도 있다. 이번 장에서 이야기하는 것은 그것을 제외한 나머지 대화에 대한 이야기다.

커뮤니케이션에 있어서 청자에게 주어진 역할의 초점은 '말하는 사람이 무슨 이야기를 하는지 맥락을 잘 짚는 것'에 있다. 지금 이야기하고 있는 내용에서 화자가 꼭 말하고 싶은 메시지가 무엇인지, 핵심 단어가 무엇인지 서로가 인지한 상태에서는 아무리 많은 이야기가 펼쳐져도 상관없다. 만약 비즈니스와 관련되거나 혹은 그 외의 중요한 대화에서 서로 이야기하는 목적과 메시지가 분명하고 그것에서 벗어나지 않아야 한다면 그때는 애당초 '한 문장'으로 정리해놓고 가면 좋다. 나 같은 경우에는 아예 '메모'라는 도구를 커뮤니케이션에 개입시키기도 한다. 보통 적는 것까지는 잘 하지 않지만 메모는 생각보다 매우 효율적인 도구가 되어준다.

꼭 적지 않더라도 한 문장으로 정리해서 말을 하고 시작한다거나, 누군가는 마음속에 주제를 기억하고 있으면 된다. 예를 들어 '오늘 뭐 먹을래?'가 주제라면 어디에 무슨 집이 있고 무슨 종류의 요리가 있고 그게 얼마나 맛있는지 그런 얘기가 마구마구 펼쳐질 것이다. 그때 누군가 말한다.

"오늘 저녁에 뭐 먹을지 정해야 한다!"

주요 단어는 당연히 '저녁'이다. 서로 잊지 않기 위해서 1시간이든 2시간이든 이리 샜다, 저리 샜다 하며 이어지는 대화 속에 계속 상기시켜주는 것이다. 물론 이는 매우 단순화된 예로 이 주제를 금세 잊어버린

채 결론을 내지 않는 경우는 잘 없다. 그러나 우리는 꼭 이런 단순한 대화만을 하지는 않는다는 게 문제다.

그래서 핵심이 뭐야?

여기에서 조금 더 확대된 선택을 위한 대화를 생각해보자. 이를테면 여행지를 선택한다든가, 함께 머물 집에 대해 이야기한다든가, 일이라면 시스템 변경에 대해 이야기한다든가 등등. 이럴 때는 아마도 주제에서 많이 빗나갔다가 겨우 돌아오거나 못 돌아오는 경험을 한 번쯤은 해보았을 것이다. 두 사람 이상이 대화를 나눌 경우 대화의 구성원 중 누구에게도 주도성이 없는 채로 대화가 흘러가면 그 끝은 누구도 알 수 없다.

유독 사족이 많은 혹은 이야깃거리가 풍부한 구성원들 사이에서는 대화라면 내가 한 것처럼 주제를 적어놓고 가는 것도 방법이다. 그게 아니라면 누군가 얘기 도중에 선택지를 자꾸 정리해서 좁힌 후 제시를 해가면서 가는 것도 좋다.

"그러니까 일단 양식이랑 일식은 빼자는 거지?

경험에 대한 이야기, 더 좋은 의견, 그러면서 새로운 정보… 등등을 나누고 정보가 업그레이드되고 서로에 대해 더 많이 알게 되는 일은 커뮤니케이션의 매우 좋은 점 중 하나이기도 하다. 그 모든 걸 생략하고 '본론만 말하기'를 하자는 얘기가 절대 아님을 기억하길 바란다. 오늘 저녁 파스타를 할 재료를 사기 위해 마트에 간 김에 이것저것 둘러보고 간식도 사고 주스도 사고 와인도 몇 병 사고 또 윈도 쇼핑을 하는 것도 괜찮다. 그러나 꼭 사야 할 것을 빠뜨리지 않으려면 보통 리스트를 작성해서 가지 않던가. 이것은 '미리 준비하기'에 해당한다.

결론적으로, 누가 주체가 되든 대화에선 맥락을 파악하고 결론 내야 할 주제를 잊지 않는 사람이 있어야 한다. 그리고 그게 바로, 커뮤니케이션의 고수가 되어가고 있는 당신이길 바라는 것이다.

3초 코치

1. 대화를 시작할 때 '오늘의 주제', '기억해야 할 단어'를 분명히 해두자.

2. 길어지는 대화 속에서도 맥락을 잘 짚으면서 주제만 잡고 있으면 된다.

3. '내'가 그 역할을 한다면 커뮤니케이션의 고수가 될 수 있다.

Check Point 29.

말은 표정으로 하고,
마음은 말로 전한다

어머니와 간만에 쇼핑을 다녀오는데 나의 백화점 점원이 나의 이상형에 가까웠다. 이상형이라 해봐야 별 건 없지만 그녀는 말을 참으로 상냥하게 하면서 표정도 아름다웠다. 특히 웃는 모습이. 그 매장에서 나도 모르게 물건을 사서 나왔음은 물론이다.

집으로 돌아오는 길에 어머니에게 "아까 그 여성 참 예쁘지 않아요?"라고 묻자 어머니가 이렇게 대답을 하시는 거다.

"누가 무슨 이야기를 하며 어떤 표정을 짓거든, 네가 고개를 돌리고 난 후 마지막까지 그 사람의 표정이 일관되는지를 살펴봐. 나를 보고 웃다가도 고개를 돌리는 순간 싹– 하고 표정이 바뀌는 사람도 많으니까."

이것은 전문가적으로 이야기하자면 '행동심리'에 대한 것인데 어머니는 삶의 지혜로 터득한 내용이었을 것이다. 어떻게 생각해보면 참 소름 돋는 이야기다. 나와 얘기할 때 웃다가 고개를 돌리는 순간 냉랭해지는 얼굴이라니. 그러나 생각보다 그런 경우가 많다. 특히 앞의 점원처럼 표정이라는 비언어적 커뮤니케이션이 직업과 관계된 경우라면 더욱.

'언어가 먼저가 아니라 마음이 먼저다'

사실 이 말은 커뮤니케이션의 핵심이다. 목적에 따라 상관없는 대화도 있을 수 있지만, 어쨌든 커뮤니케이션에서 우리가 사용하는 언어(표정과 같은 비언어를 포함해)는 진정성 있는 말이어야 한다. 사기꾼들이 대단한 것은 그들의 표정까지도 전략 속에 있다는 사실이다. 그들은 면전에서 웃고 뒤돌라 냉랭해지는 일시적인 커뮤니케이션을 하는 것이 아니라 자신의 캐릭터를 애당초 규정짓고 출발한다.

'사람 좋은 구두 가게 아저씨 역할'이라면 진짜 그 캐릭터가 되어 커뮤니케이션을 하는 것이다. 마치 배우들처럼 말이다. 꼭 사기꾼이 아니라 일반인 중에서도 그런 사람을 볼 때가 있는데, 긴장을 많이 해야 하는 발표 시간이나 회의가 있을 때는 캐릭터 설정을 하는 것도 도움이 된다.

그러나 우리는 보통 진짜 '나 자신'이라는 캐릭터로 살아간다. 그때는 진짜 내 마음을 바탕으로 커뮤니케이션을 해야 한다. 표정도 마찬가지다. 쉽게 말하면 말이 갈 때 표정도 같이 가야 한다. 고마움을 표현하는데 무표정이라면 얼마나 무서운가. 진짜 고맙다면 말보다 표정에서 먼저 드러날 것이다. 반대로 마음은 진짜인데 표정이 없어서 오해를 사기도 한다. "미안하긴 한 거야?" 목소리부터 미안함을 담으면 말도 진정성 있게 나가고, 표정 역시 자연스럽게 나간다.

마음이 곧 진정성이다

일전에 KBS 2TV에서 방영된 〈스펀지〉에서 실험을 하나 했는데 '웃으면서 화를 내 보라.'는 것이 실험의 미션이었다. 물론 결과는 전원 실패였다. 언어와 표정은 생각처럼 분리되어 있지 않다.

그러니 특별한 캐릭터가 되어야 할 때를 제외하곤 '나 자신'으로서 고맙고, 미안하고, 기쁘고, 행복하고, 소중하고, 또 반대로 나쁘고, 화나고, 부정적이고 언짢은 모든 상황에 대해 솔직하게 반응하고 대화하라. 마음이 먼저다.

언제나 문제는 '아닌 척'을 하는 데서 출발한다. 모든 커뮤니케이션의 출발은 마음에 있다.

기억하자. 마음이 곧 진정성이다.

3초 코치

1. 말이 아니라 마음이 먼저다.

2. 커뮤니케이션을 시작할 때 나의 마음을 잘 들여다보고 진정성 있게 대화를 해나가라.

나의 언어 허용 범위는
어디까지일까

'언어 허용 범위'라는 말이 좀 생소할 수도 있겠다. 이를 아주 쉽게 표현한다면,

'내게 잔소리로 여겨지지 않는 말'

까지가 나의 언어 허용 범위다. 위에서 적은 말 이상을 하게 되면 모두 잔소리로 다가온다. 계속 이야기해봐야 나에겐 의미가 없고, 설득도 안 되고, 대체 내가 저걸 왜 알아야 하며, 왜 자꾸 이야기하나 싶은 내용으로만 여겨진다.

이번에 이야기할 내용은 단순히 '언어', '말'에 대한 것이 아니다. 여기

엔 나의 가치관, 내가 어떤 사람인지 등을 아는 기본적인 커뮤니케이션의 요소가 포함된다. 즉, 내가 보수적인 사람인지 오픈된 사람인지, 냉철한 사람인지 감성적인 사람인지에 따라 이 허용 범위가 달라지기 때문에 나 자신에 대해 아는 것으로부터 커뮤니케이션이 출발 되어야 한다는 뜻이다.

따라서 나한테 씨알도 안 먹히는 표현들은 무엇인지, 전혀 감흥이 없거나 자극이 안 되거나 이해가 되지 않는 단어나 표현은 무엇인지, 내게 무의미하거나 관심이 없거나 절대 듣고 싶은 말이 무엇인지. 이런 것들을 잘 파악해두어야 한다. 우리는 모든 걸 이해할 수 있는 사람이 아니다. 인간이기 때문에 '호불호'라는 것이 반드시 있다.

커뮤니케이션의 고수는 이미 이것을 잘 파악한 후 상대방으로부터 내게 잘 먹히는 말이 오도록 유도한다.

자, 그렇다면 내가 내 허용 범위를 알고 난 후의 대화는 어떻게 풀어나가면 되는 걸까?

듣기 싫은 말, 듣고 싶은 말을 규정하고 당당하게 요청하라

먼저 '괜찮은 척을 하지 않겠다'는 데서 출발해야 한다. 보통 대화의 실패는 '척하는' 것에서부터 시작한다. 분명 이해가 안 되는데 되는 척,

저런 표현이 너무 거슬리는데 괜찮은 척, 내가 듣기 싫은 투로 이야기하는데 아닌 척… 벌써부터 이 대화는 실패다. 커뮤니케이션의 구성원 한 사람 한 사람은 무척 중요하다. 그 각각이 이루는 대화가 풍성하고 행복하고 성공적인 것이 되려면 구성원들의 특성을 서로 아는 것은 무척 중요한 일이다. 따라서 앞에서 말한 대로 나의 언어 허용 범위를 규정했다면, 상대방에게 이를 알려라.

"나는 좀 빙빙 돌려서 말하는 걸 잘 이해를 못 해요. 딱딱하다 느껴져도 직선적으로 말하는 게 좋더라구요."
"저는 부정적인 표현을 별로 안 좋아하고 그런 얘기가 많이 오가면 귀에 일단 잘 안 들려요. 마음이 불편하거든요."

나에 대해서 잘 아는 사람은 정중한 요청을 통해 대화를 매끄럽게 이끌어간다. 내가 이런 사람이라는 것을 상대방에게 솔직하게 말하면 상대방 역시 나에게 솔직하게 다가올 수 있다. 이때는 나 역시 상대방의 요청에 응할 마음의 준비를 해야 한다.

커뮤니케이션은 단순히 말만 주고받는 과정이 아니다. 각각의 삶에서 비롯된 사회화된 특성들, 가치관들, 심리적인 것들이 모두 작용한다.

같이 좋은 결론에 도달해야 하거나 유익하고 즐거운 대화로 남기를 원하면서도 나의 솔직함을 드러내지 않고 듣기 싫은 표현을 참고 있거나 상대에게 불편한 대화를 계속 시도하고 있다면 좋은 대화가 될 수 없을 것이다.

나는 코칭을 할 때 상대방과의 대화에서 일부러 부정적인 방식으로 상대방에게 꼬치꼬치 캐묻는 방식을 선택할 때가 있다. 자신이 어떤 것을 싫어하는지, 자신의 언어 허용 범위가 무엇인지 모르는 고객이 나의 질문을 통해 스스로 발견하도록 하기 위해서다. 내 질문이나 설명을 듣다 보면 어렵고 짜증 나고 복잡하고 불편한 지점들을 발견하게 된다. 대화가 끝나면 스스로 그 점들을 체크한 후 다음 대화에 반영해야 한다. 이 과정을 하고 나면 두 번째, 세 번째 대화에서는 이미 시작 때 나에게 요청한다.

"저는 이러이러한 말들은 잘 안 받아들여져요."

이 과정에서 중요한 포인트는 내게 괜찮은 말이 상대방에게도 괜찮을 수 있다는 편견부터 버리는 것이다. 좋은 쪽으로든 나쁜 쪽으로든 모든 인간이 가진 경험과 성장해온 환경과 성립된 가치관이 다르기에 언어 또한 다르게 다가갈 수밖에 없다.

'이렇게 말하면 내 감정을 알아주겠지.' 했는데 도리어 화를 낸다면 그건 서로 맞지 않는 언어를 사용해서다. 우리는 모두 다르다. 우리가 알고 있는 언어와 이해하고 있는 언어의 내용도 다르고 표현 방식도 다르다. 이 점을 이해하고 출발해야만 효과적인 커뮤니케이션이 가능하다.

1. 대화 전에 나의 언어 허용 범위를 잘 살펴보아야 한다.

2. 내가 원하는 것을 대화 전에 요청하라.

3. 모든 사람의 언어가 각각 다른 의미로 사용되고 있음을 이해하라.

3초 코치

Check Point 31.

고마움을 표현하는
세세한 언어들을 배워라

미안함을 표현하거나 부탁을 할 때 중요한 것은 상대방을 배려하는 태도, 정중함이다. 정중함이란 진심 어린 마음을 담은 태도를 의미한다. 상대방에 대해 예의를 갖추고 상대방이 원하는 방식으로 표현해주는 것. 펙트를 전달하는 상황이라 하더라도 그것을 어떻게 표현하는지에 따라 커뮤니케이션의 결론이 달라진다.

어떤 표정, 어떤 마음가짐으로 '미안합니다.', '죄송합니다.', '용서해주세요.'라는 말을 사용하느냐에 따라 받아들이는 사람의 마음도 달라지기 마련이다. 따라서 미안함을 전하거나 부탁을 하거나 어떤 일을 요청할 때는 상대방에 대한 예의를 최대한 갖추고 '정중함'을 담아 전하는 것이 핵심이다. 그렇다면 '고마움'은 어떻게 전하는 게 좋을까?

이래서 고맙고 저래서 고맙고 요래서 고맙다

고마움의 표현은 최대한 구체적인 것이 좋다. 때때로 상황, 시간, 이유까지도 다 들어가면 좋다. 대부분 "감사합니다."라고 하지만 무엇이 왜 어떻게 고마운지를 표현해주면 상대방이 느끼는 체감적 온도가 다르다. 고마움의 온도 말이다. 상대방은 그렇게 표현하는 나로부터 진정성을 느끼고, 진지함도 느끼고, 그 고마움의 표현을 영원히 기억할 수도 있다.

최근 〈미나리〉라는 영화로 제93회 미국 아카데미 시상식 여우조연상을 수상한 윤여정 씨의 수상 소감이 화제가 되었다. 영어로 소감을 말했다는 것도 화제였고 위트있는 표현도 화제였지만 나는 그녀의 소감에서 '깨알 같은' 감사의 표현을 발견했다. 역시 '커뮤니케이션의 달인'이라 느껴질 만한 표현들이었다.

브래드 피트, 드디어 만나 뵙게 돼 너무 반갑습니다.
저희가 영화 찍을 때는 어디 계셨나요? 정말 만나 뵙게 돼 영광입니다.

아시다시피 저는 한국에서 왔고 이름은 윤여정입니다.

정말 많은 유럽 분들이 저를 '여여'라고 부르거나 그냥 '정'이라고 부르시는데,
오늘 밤은 여러분 모두를 용서할게요.

지구 반대편인 아시아권에서 살면서 서양 TV 프로그램을 많이 봤습니다.
그런데 오늘 직접 이 자리에 오게 되다니 믿을 수가 없습니다.

그러면 제가 조금 정신을 가다듬도록 하겠습니다.

저를 선정해주신 아카데미 관계자분들께 정말 깊이 감사드립니다.
저에게 표를 던져주신 모든 분도 감사합니다.
그리고 미나리 가족분들에게도 감사드립니다. 스티븐, 정이삭 감독님, 한예리, 노엘, 알렌. 우리는 모두 영화를 찍으면서 가족이 되었습니다.
무엇보다 정이삭 감독이 없었다면 저는 이 자리에 설 수조차 없었을 것입니다.
감사합니다. 그는 우리의 캡틴이었고, 내 감독이었습니다.

그리고 감사드릴 분이 너무 많네요.
제가 사실 경쟁을 믿지 않습니다. 제가 어떻게 글렌 클로즈같은 대배우와
경쟁을 할까요?

글렌 클로즈 배우의 훌륭한 연기를 너무 많이 봐왔습니다.

그래서 다섯 명의 후보들이 있었지만 우리는 다 다른 역할을 다른 영화에서 해냈습니다.

그래서 우리 사회에서는 사실 경쟁이란 있을 수 없습니다.

저는 오늘 이 자리에서 그냥 운이 조금 더 좋아서 서 있는 것 같습니다.

아니면, 미국분들이 한국 배우들에게 특히 굉장한 환대를 해주는 것 같습니다.

그래서 제가 이 자리에 있는 것 같습니다.

그리고 저에게 일하러 나가라고 종용하는 두 아들에게도 감사하다고 하고 싶습니다.

저 아이들 잔소리 덕분에 엄마가 열심히 일했더니 이런 상을 받게 됐네요.

그리고 김기영 감독님께도 감사합니다.

저의 첫 영화를 함께했던 첫 감독님이었습니다.

여전히 살아계셨다면 오늘 저의 수상을 매우 기뻐해 줬을 것입니다.

다시 한번 모든 분께 감사드립니다.

-출처: 윤여정, 제93회 미국 아카데미 시상식 수상 소감에서

아마 이 글을 읽는 것만으로도 많은 감동이 몰려올 것이다. 감사의 표현, 칭찬의 표현, 나의 진심. 이런 것들은 구체적이고 확실할수록 상대방에게 큰 감동을 안겨준다. "미용실 언니 고마워요!" 하는 것보다 "안 들어가는 가발 억지로 씌워주느라 애썼어요, 미자 언니!" 하는 수상 소감이 영영 잊히지 않는 법이다.

누군가에게 마음을 표현할 때는 확실히 하라. 그 표현이 때때로 내 마음을 뛰어넘을 정도로 효과적이고 울림이 클 때가 있다. 고마운 마음은 이미 기쁘고 행복한 마음이다. 그것을 공유하는 방법은 그 마음을 상대에게 표현하는 것이다. 아주 구체적으로, 세세하게 말이다. 무엇이, 왜, 어떻게 고마운지, 그것을 '고맙다'는 말에 붙여 전달하는 것만으로도 상대는 이미 감동에 젖을 것이다.

3초 코치

1. 고마움의 언어는 세세할수록 좋다.

2. 무엇이, 왜, 어떻게 고마운지 기억하고 마음을 담아 전하라.

Part 5

세계를 흔들고 세기를 떠들썩하게 한
1%의 커뮤니케이션

그들의 대화 속에 숨겨진

원 포인트를 찾아서

Check Point 1.

강조와 각인의 달인

마틴 루터 킹

미국의 흑인운동 지도자이자 지금까지도 '흑인들의 목사'로 남아있는 마틴 루터 킹은 스피치의 달인으로도 매우 유명하다. 일명 '강조와 각인의 달인'이라 불리던 그는 살아있는 동안 수많은 명연설을 남겼는데, 그 중에서도 가장 유명한 연설이 바로 'I have a dream'이라는 연설이다. 1963년 8월 28일, 워싱턴 행진 때 링컨 기념관 앞에서 킹이 했던 이 연설은 교과서에 간간이 실릴 정도의 명연설로 남아있다. 해당 연설의 일부를 한번 보자.

나에게는 꿈이 있습니다. 언젠가는 조지아주 붉은 언덕 위에서 노예의 후손들과 노예 소유주의 후손들이 식탁에서 형제애를 나눌 수 있을 거라는 꿈이.

나에게는 꿈이 있습니다. 언젠가는 억압의 열기로 뜨거운 저 미시시피마저도 자유와 정의의 오아시스로 변할 거라는 꿈이.

나에게는 꿈이 있습니다. 언젠가는 나의 네 명의 아이들이 그들의 피부색이 아니라 각자의 장점으로 판단되는 그런 나라에서 살게 될 거라는 꿈이.

이 감동적인 연설은 웬만한 사람들은 다 알고 있겠지만, 나는 이번 장에서 이 연설을 커뮤니케이션 관점에서 좀 더 구체적으로 살펴볼까

한다.

킹은 해당 연설에서 '조지아의 붉은 언덕', '오아시스', '네 명의 아이들' 등 매우 구체적인 묘사들을 사용했다. 왜 그랬을까? 그저 "나에게는 꿈이 있습니다. 그건 바로 노예와 억압이라는 족쇄로부터 풀려나 우리 모두가 형제처럼 지낼 수 있는 나라에서 다 함께 살아가는 것입니다." 정도로 말해도 충분할 텐데 말이다. 킹이 자신의 연설에서 이러한 구체적 묘사를 활용한 이유는 그가 청중의 상상력을 자극하는 법을 알았기 때문이다. 킹은 확실하고 실제적인 묘사들을 사용함으로써 청중들이 선명한 이미지들을 그려내어 훨씬 쉽게 그의 말에 공감할 수 있게 만들었다. 즉, 자신의 연설을 듣는 청중들이 그가 전하고자 하는 메시지를 확실하게 이미지화시켜 뇌리에 각인할 수 있도록 했던 것이다.

우리는 앞에서 '오감으로 표현하기'를 배웠다. 훨씬 생생한 표현, 그림으로 그려질 수 있을 만큼 풍부한 느낌을 사용한 표현들은 상대방의 머릿속에 훨씬 강하게 기억된다. 앞에서도 말했듯 충분한 몰입도를 이끌어내기 때문이다.

킹은 무엇보다 연설을 통해 인권과 사랑, 희망, 그리고 나눔에 대한 자신의 철학들을 대중들과 나누었는데, 이는 그가 참담할 정도로 암울한 인종차별의 시대를 살던 사람임을 생각하면 더욱 깊은 여운과 감동을 느낄 수 있다. 아래는 현대를 살아가는 우리에게도 여전히 큰 울림을 주는 그의 연설 중 일부이다.

어둠으로 어둠을 몰아낼 수는 없습니다. 이는 오직 빛으로만 가능합니다. 증오로 증오를 몰아낼 수는 없습니다. 이는 오직 사랑으로만 가능합니다.

저는 사랑을 고수하기로 했습니다. 증오는 짊어지기에는 너무나 큰 짐입니다. 믿음(신앙)이란 계단의 끝이 보이지 않을 때에도 첫발을 내딛는 것입니다.

우리가 중대한 일에 침묵하는 순간, 우리 삶은 종말을 고하기 시작합니다. 결국 우리의 기억에 남는 것은 적들의 말이 아닌 친구의 침묵이 될 것입니다.

만약 당신이 날 수 없다면 뛰세요. 만약 당신이 달릴 수 없다면 걸으세요. 만약 당신이 걸을 수 없다면 기어가세요.
당신이 무엇을 하던 간에 중요한 것은 앞으로 계속해서 나아 간다는 것입니다.

별은 오직 어둠 속에서만 볼 수 있습니다.

위 연설을 보면 알 수 있듯 킹은 비슷한 문구를 반복하여 사용함으로써 자신이 전하고자 하는 메시지를 '강조'하곤 했다. 서술어를 같은 방식으로 반복해서 사용하는 마틴 루터 킹의 스피치 방식은 청중들에게 그가 전하고자 하는 메시지를 훨씬 확신하게 기억할 수 있게 만들어준다. '보고 싶다'는 말 한마디보다 '보고 싶다. 미치도록 보고 싶다. 너무나… 보고 싶다.' 하는 것이 훨씬 울림이 크다. 그의 연설 역시 우리에게 큰 울림을 준다.

마틴 루터 킹은 이처럼 뛰어난 스피치를 바탕으로 한 '비폭력 저항 운동'을 통해 흑인차별뿐만 아니라 노동운동, 시민권익 운동에도 힘을 쏟았고, 1964년 10월 14일에 노벨평화상을 수상한다. 그리고 킹이 이렇게 당당히 모든 차별과 맞설 수 있었던 데에는 비폭력 평화주의자였던 간디와 더불어 그의 아버지의 영향이 컸다. 인종차별이 만연하던 시대, 킹의 아버지는 백인 우월주의자들로부터 온갖 폭행과 멸시를 당하면서도 결코 당당함을 잃지 않았다고 한다. 그렇게 킹은 아버지의 당당함을 통해 '옳지 않은 일'에 굴복하지 않고 침묵하지 않으며, 당당하게 대항하는 자세를 배울 수 있었던 것이다.

모든 차별과 맞서며 선한 영향력을 전파하던 킹은 1968년 4월 4일, 한 백인 우월주의자에 총에 맞아 사망하고 만다. 아래는 그가 죽기 얼마

전에 남겼던 연설의 일부이다. 내용을 보면 마치 킹은 자신이 죽을 것이란 사실을 알고 있었던 건 아닌가 하는 생각이 든다.

내가 죽거든 나를 위해 긴 장례를 할 생각은 마세요. 긴 조사도 하지 마세요. 또한 내가 노벨상 수상자라는 것과 그 외 많은 상을 탄 사람이라는 것도 언급하지 마세요.

왜냐하면 그건 하나도 중요하지 않기 때문입니다.

나는 그날, 마틴 루터 킹은 다른 사람들을 위해 살고자 노력했고,

다른 사람들을 사랑하려 했으며,

전쟁에 대해 올바른 입장을 취했다는 평가를 받고 싶습니다.

또한 배고픈 이들에게는 먹을 것을 주고,

헐벗은 사람들에게는 입을 것을 주기 위해 애썼으며,

인간다움을 지키고 사랑하시기 위해 몸 바쳤다는 것이 기억되면 좋겠습니다.

킹이 암살당한 뒤, 미정부는 1월 셋째 주 월요일을 마틴 루터 킹의 날로 지정해 국경일로 만들었다. 일명 'Remembering MLK'라 불리는

MLK Day에 공식적으로 그를 기리는 국가 차원의 행사는 이루어지지 않는다. 그러나 여전히 그를 개인적으로 기리고자 하는 사람이 많기에 그가 암살당한 로레인 모텔(이후 박물관으로 바뀌었다)에서는 매년 킹을 기리기 위한 심포지엄이나 전시회가 열리고, 애틀랜타에서는 행진(행진을 하며 먹을 것을 나누어 주며, 행진의 끝에는 임시 거주지역에서 살고있는 이들에게 음식과 생활용품을 나누어준다)이 열리는 등 그의 메시지를 여전히 이어가고자 하는 프로그램들이 계속되고 있다.

말은 단순히 정보와 생각의 전달이라는 도구로서의 기능을 넘어 사람들의 머리와 가슴 나아가 영혼에까지도 각인되고 울림이 되는 힘을 가진다. 모든 사람은 사랑받고 동등하게 대우받아야 할 권리가 있다는 마틴 루터 킹의 믿음. 그의 믿음이 여전히 오늘날까지, 먼 미래까지 나아갈 수 있음에 그의 남다른 연설이 큰 역할을 했다는 것에 반론을 제기할 사람이 있을까. 커뮤니케이션의 고수들에게는 한 가지 확실한 공통점이 있다. 그들 모두 '말'의 중요성을 매우 잘 알고 있다는 사실이다.

대중의 마음을 사로잡는 소통의 달인

스티브 잡스

"이 아이패드만 있으면 여러분은 도쿄에서 뉴욕까지 가는 길을 영화처럼 감상하실 수 있습니다."

이 말은 오늘날의 '모바일 시대'를 연 주인공이라 불리는 스티브 잡스가 실제로 아이패드를 소개하면서 사용한 표현이다. 애플의 창업자였던 잡스는 훌륭한 기업인임과 동시에 글자 그대로 '대중을 사로잡는' 스피치로 유명했다. 잡스는 특히 상품을 소개할 때 단순히 판매자의 입장에서 기능을 나열하는 것에서 벗어나 구매자의 입장에서 해당 상품을 통해 어떤 새로움을 누릴 수 있을지를 상상할 수 있게끔 만들고는 했다.

앞서 마틴 루터 킹이 그러했듯 잡스 역시 선명하고 구체적인 묘사와 표현들을 잘 사용했다. 즉 '추상적인 묘사'를 하지 않는 것이 그들의 스피치 기술 중 하나였다. 그렇게 잡스는 스피치의 대가답게 섬세한 공예가처럼 단어와 묘사를 골라내어, 청중들이 머릿속으로 생동감 있는 상상을 할 수 있도록 유도하곤 했다. 무엇보다 잡스에게는 그만의 스피치 법칙이 있었다.

첫 번째, 숫자를 붙여 계획적으로 말하기

오늘 저는 여러분께 제 인생에 대한 3가지 이야기를 해볼까합니다. 대단한 이야기는 아닙니다. 딱 3가지입니다.

　잡스는 언제나 "오늘 제가 이야기할 것은 OO가지 입니다."라는 말로 강의와 PT 등을 시작했다. 별 것 아닌 듯한 이 문장의 효과는 놀라웠다. 이런 표현 방식은 곧 듣는 이들에게 잡스가 하려는 스피치가 매우 정돈되어 있다는 느낌과 철저하게 준비를 해왔다는 느낌, 그리고 이 OO가지가 과연 무엇일까 궁금하게 만드는 '집중'의 효과를 안겨주었다. 특히 잡스는 전달할 내용을 3가지로 한정하는 것을 즐겨 사용했는데, 이는 잡스가 자신의 스피치에서 '서론－본론－결론'의 구조를 사용했기 때문이다. 라틴 명언에 '3으로 이루어진 것은 모두 완벽하다'라는 말이 있을 정도로 3은 듣는 이들이 무언가를 기억하기에 최적화된 숫자로 꼽힌다. 인지과학의 대가인 아트 마크만(Art Markman) 역시 자신의 이론에서 "인간이 머릿속에 넣었다가 다시 끄집어낼 수 있는 적정 수준은 딱 3개이며, 수십 개의 내용을 듣더라도 남는 것은 3개뿐이다."라고 했다. 이처럼 잡스는 3이라는 숫자가 가진 힘을 잘 알고 있었고, 이 방식을 통해 수많은 연설들과 프레젠테이션에서 성공적인 반응을 이끌어냈다.

두 번째, 서사적인 스토리텔링 활용하기

잡스는 3장 구조(서론-본론-결말)를 자신의 스피치에 사용했던 만큼 그 내용 역시 매우 서사적으로 펼침으로써 청중들을 설득하고는 했다. 예를 들어 잡스는 자신의 출생의 비밀을 연설을 통해 털어놓았는데, 이때 자신이 입양되었던 시점부터 어떤 어려움을 겪어 어떻게 이 자리에 오게 되었는지를 자연스럽게 녹여내어 청중들에게 진정성을 전달했다. '어떤 인물이 여러 어려움을 겪지만 이를 훌륭히 이겨내어 성공하게 된다.'라는 서사적인 구조는 수많은 영화들의 뼈대가 되는 만큼 인류에게 매우 익숙하면서도 가장 잘 이해가 되는 구조다. 잡스는 바로 이 점을 잘 알고 있었고, 이를 훌륭히 활용함으로써 자신의 이야기를 듣는 청중들에게 진실성과 쉬운 이해라는 두 마리 토끼를 다 전달할 수 있었다.

세 번째, 에토스 수사법, 로고스 수사법, 파토스 수사법 활용하기

'에토스'란 사람의 인품이나 지식 등을 설득의 근거로 제시하는 수사법이며, '로고스'란 노리적 근거를 제시하는 수사법, 그리고 '파토스'란 사람의 마음에 호소하는 수사법이다. 이 3가지는 고대 그리스로부터 내려온 대표적인 수사학 기법으로, 현대에도 많은 연설가들이 이 기법들을 활용해오고 있다. 잡스 역시 이 3가지 수사법을 효과적으로 활용하였는데, 먼저 그가 '에토스' 수사법을 활용한 예는 아래와 같다.

일단 제가 태어나기 전 이야기로 거슬러 올라가야 할 것 같습니다.

저를 낳아준 어머니는 젊은 대학원생 미혼모였습니다.

그녀는 저를 입양 보내기로 결정했습니다.

2번째는 사랑과 상실에 관한 이야기입니다.

3번째는 죽음에 관한 이야기입니다.

　잡스는 자신의 '불행한 출생', '사랑과 상실', '죽음'을 소재로 하여 청중들과 동질감을 형성했다. 이러한 공감대 형성을 통해 청중들이 자신에 친밀감을 느끼게 만들었던 것이다. 즉 자신의 개인적인 경험을 제시함으로써 상대로부터 신뢰를 얻어내는 수사법인 '에토스'를 활용한 좋은 예라고 할 수 있다. 다음은 그가 '로고스'와 '파고스' 수사법을 활용한 예이다.

서른 살이 되었을 때 저는 해고를 당했습니다.

제가 세운 회사에서 어떻게 저를 해고할 수 있을까요?

만약 오늘이 내 인생 마지막 날이라면,

오늘 내가 하려고 하는 이 일을 과연 할 텐가?

합리적인 논증을 위해 가장 많이 사용되는 수사법은 바로 '예증법'이다. 예증법이란 구체적인 예를 듦으로써 과거를 점검하고 미래를 예측하도록 돕는 것을 말한다. 즉 잡스는 앞선 '에토스' 단계에서 3가지 소재 (출생, 사랑과 상실, 죽음)를 '로고스' 수사법의 논리적인 근거로 제시함으로써 이를 바탕으로 청중들에게 미래에 어떻게 행동해야 하는가를 던졌다. 그리고 중간중간 '파고스' 수사법을 활용하여 그들의 마음에 직접적으로 호소했다. 어느 부분이 '파고스' 수사인지 알겠는가? 그렇다. 바로 '질문'을 던지는 것이 잡스가 활용한 '파고스' 수사법이다. 의문문은 대표적인 '파토스' 수사기법으로, 잡스는 청중들에게 답변을 듣기 위한 질문이 아닌 생각을 환기 시키는 역할을 하는 질문들을 던짐으로써 자신의 스피치에 호소력을 더했다. 잡스는 이러한 3가지 수사법을 능란하게 사용했기에 그의 연설은 청중들로부터 열성적인 반응과 설득을 끌어낼 수 있었던 것이다.

네 번째, 두 가지를 대조하여 명확하게 전달하기

잡스는 자신의 상품을 설명할 때 전형적인 모델들을 쭉 나열한 뒤 이것들에 대한 불편함을 언급하고, 아이폰의 성능을 언급하여 사람들에게 아이폰이 가진 필요성과 능력을 명확하게 전달하고는 했다. 이는 '없을 때'와 '있을 때'를 대조하여 전달한 것으로, 잡스의 이러한 말하기 방법은 '대조를 통해 명확하게 전달하기'를 훌륭히 활용한 예라고 할 수 있다. 쉽게 예를 들어보자면 "일반적으로 OO는 OO하지만 이것은 OO합니다."와 같은 문장을 하나의 스피치 공식처럼 사용했다. 특히 이 대조를 통한 말하기는 이야기하고자 하는 것의 '핵심'을 전달할 때나 메시지를 강조할 때 매우 유용하다.

다섯 번째, 강조하고 싶은 내용은 반복해서 언급하기

잡스는 자신이 강조하고자 하는 부분을 반복해서 말하곤 했다. 예를 들어 잡스의 가장 유명한 연설 중 하나인 '스탠퍼드 대학 연설'의 마지막이 그러했다. 즉 무려 3번이나 강조했던 "Stay Hungry. Stay Foolish."는 그날 잡스가 청중들에게 전달하고자 했던 핵심 중의 핵심 메시지였다. 잡스의 이러한 말하기로 인해 그의 스탠퍼드 대학 연설을 들은 사람들은 하나같이 "Stay Hungry. Stay Foolish."를 결코 잊지 못한다.

여섯 번째, 비언어적 설득기법 사용하기

잡스는 스피치를 하면서 주기적으로 듣는 이들과 눈맞춤을 했다. 그리고 이러한 비언어적 기법은 초보자들이 매우 어려워하는 말하기 기법 중의 하나이다. 그러나 쉽지 않은 만큼 이를 능숙하게 사용한다면, 청중들에게 말하는 이의 자신감과 진정성을 전달할 수 있는 훌륭한 수단이 된다. 잡스는 바로 이를 잘 활용했다. 잡스는 심지어 눈맞춤뿐만 아니라 마치 배우가 무대에서 연극을 하듯 청중들에게 "나와 당신들 사이에는 어떠한 벽도 없습니다."라는 말을 온몸으로 전달했다. 이는 그가 비언어적 설득기법이 가진 힘을 얼마나 잘 이해하고 활용할 줄 알았는지를 증명하는 예다.

잡스의 말하기 법칙들을 뜯어보면 그가 얼마나 철저하게 준비된 '말하기의 달인'이었는지를 알 수 있다. 고인이 되었음에도 그의 스피치가 '애플'과 더불어 길이 남겨질 수 있으리라 여겨지는 데에는, 마치 섬세한 예술가처럼 자신의 연설을 예술품으로 남긴 잡스의 여섯 가지 스피치 법칙이 있었기 때문일 것이다.

청중과 소통했던 연설의 달인

버락 오바마

2008년, 미국 대선 전에 있었던 일이다. 당시 한 카운티(영어권에서 사용하는 행정구역 단위)의 작은 강당에서 1시간이라는 간격을 두고 오바마와 힐러리의 연설이 열렸다. 강당은 300명이 들어가기에도 좁은 수준으로 매우 협소했고, 두 후보들에게 주어진 연설시간은 1시간이었다.

먼저 연실을 하기로 한 후보는 오바마였다. 강당에 도작한 오바마는 주어진 연설시간이 1시간이었지만 20분 만에 연설을 마쳤다. '변화'와 '희망'이라는, 분명 장황하게 자신의 이야기를 늘어놓을 법한 연설이었지만 그는 앉을 자리가 없어 서 있던 수많은 청중들의 불편을 위해 최대한 짧은 시간에 연설을 끝냈던 것이다. 반면에 약 1시간 뒤에 도착한 힐러리는 좁은 강당 안에 운집해있던 청중들을 보고 신이 났는지 자신의 공약을 1시간 30분이 넘도록 설명했다. 그리고 그녀의 연설이 끝났을 때, 강당에 남은 사람은 연설이 시작했을 때의 절반도 남지 않은 수였다.

위의 '오바마와 힐러리' 에피소드를 통해 알 수 있는 것은 무엇일까? 그건 바로 '청중에 대한 이해'이다. 오바마는 청중의 입장에서 그들의 불편을 이해한 상태로 스피치를 한 반면 힐러리는 청중들의 입장을 생각하지 않고 자신만의 기분에 취했기에 위와 같은 결과가 나오게 된 것이다.

기본적으로 청중은 그들의 호기심을 자극하는 이야기나 공감 가는 이야기를 듣게 되면 관심을 갖고 집중을 하게 된다. 그러나 아무리 내용이 흥미롭더라도 말하는 이가 듣는 이와 전혀 소통하지 않고 일방통행 방식으로 접근한다면, 또는 정해진 시간 동안 다 받아들이기에 무리인 정보들을 주야장천 쏟아낸다면 이에 대한 흥미와 집중력 역시 떨어지게 된다. 즉 청중과 함께 호흡하는 것이 매우 중요하다는 것이다. 오바마는 이를 잘 알았기에 청중의 절반을 잃은 힐러리와는 달리 단 한 사람의 청중도 잃지 않고 자신이 전하고자 하는 메시지를 성공적으로 전달할 수 있었다.

무엇보다 오바마는 사람의 마음을 얻는 스피치로 유명하다. 그는 정확한 발음과 명확한 언어 구사, 쉽고 간결한 표현, 그리고 반복적이면서도 점진적인 표현을 활용함으로써 틀에 박힌 정치인들의 연설과는 달리 낭만과 감성을 자극하는 스피치로 대중을 사로잡았다.

오바마는 앞서 소개했던 잡스처럼 스피치를 시작할 때면 '공감대'를 형성하는 것으로 시작하곤 했다. 대표적인 예로 그는 'Wakefield'의 학생들에게 '교육'을 주제로 스피치를 했을 때, 먼저 자신의 어린 시절을 이야기함으로써 학생들의 이목을 집중시켰다.

오바마는 자신이 어렸을 적에 워킹맘이던 어머니가 미국식 교육을 위해 새벽 4시 반부터 그를 가르쳤다는 이야기부터 시작하여 '교육'에 있어서의 교사와 부모님, 그리고 정부의 책임을 차례대로 이야기했다. 그 후 교육의 필요성에 대해 이야기함으로써 학생들에게 왜 교육이 중요한지에 대하여 메시지를 전달했던 것이다. 아래는 당시 오바마가 했던 스피치의 일부이다.

제가 어렸을 때, 저희 가족은 해외에서 살았습니다. 저는 몇 년동안 인도네시아에서 살았죠. 그리고 저희 어머니는 미국 아이들이 가는 학교에 저를 보낼 돈이 없었습니다.
하지만 저희 어머니는 제가 미국식 교육을 계속 받는 데 중요하다고 생각하셨습니다. 그래서 어머니는 스스로 제게 추가 수업을 해주셨습니다.
하지만 어머니는 일을 하러 가셔야 했기 때문에 저를 가르칠 수 있는 시간은 아침 4시30분뿐이었습니다.

저는 교육에 관한 연설을 많이 해왔습니다. 그리고 책임감에 대해서도 많이 말해왔습니다.
저는 선생님들의 책임감에 대해 말해왔습니다. 학생들에게 영감을 주고 배울 수 있도록 이끌어주는 선생님들 말입니다.

저는 부모님들의 책임감에 대해 말해왔습니다. 여러분이 진로를 정하고 숙제를 다 마치게 하는, 그리고 깨어있는 모든 시간을 TV와 XBOX 앞에서 보내지 않게 하기 위한 책임감 말입니다.

저는 정부의 책임감에 대해 말해왔습니다. 높은 기준을 마련하고 선생님과 교장선생님들을 지원해 주기 위한 정부 말입니다.

이것들이 변화를 만들 수는 없습니다. 이것들은 아무런 관련이 없습니다. 여러분들이 모두 책임을 이행하지 않는다면 말입니다.
여러분이 이 학교에 등교하지 않는다면, 여러분이 성생님에게 집중하지 않는다면,
여러분이 부모님과 조부모님 그리고 다른 어른들의 말을 듣지 않고, 성공하기 위해 열심히 하지 않는다면 말입니다.

여러분 한 사람마다 잘하는 것이 있습니다. 여러분 한 사람마다 주어진 것이 있습니다.
그리고 여러분에게는 이것이 무엇인지 밝혀낼 책임이 있습니다.
그것이 교육이 줄 수 있는 기회인 것입니다.
여러분이 무엇을 하고 싶든, 저는 여러분이 이를 위해 교육이 필요하다고

보장합니다.

여러분은 학교를 그만두고 좋은 직업을 얻을 수는 없습니다.

여러분은 이를 위해 훈련 받고 이를 위해 일하고 이를 위해 배워야 합니다.

그리고 이는 단지 여러분만의 인생과 미래에 중요한 것이 아닙니다. 당신이

교육을 통해 만들 것들은 이 나라의 미래 그 이상을 결정할 겁니다.

미국의 미래는 여러분에게 달려있습니다.

여러분이 학교를 그만둔다면, 이는 자신을 포기하는 것이 아니라

여러분의 나라를 포기하는 것입니다.

  오바마는 이 뒤에 가장 성공한 사람들 중 일부는 가장 실패한 사람들
이라 말하며, 그 예로 조앤 K 롤링과 마이클 조던을 예로 들었다. 그렇
게 오바마는 학생들에게 '실패'란 낙담할 것이 아니라 더 노력하기 위한
의미일 뿐임을 강조했다. 그리고 다시 한번 포기하지 말라고 호소했다.
그리고 그들에 대한 기대와 더불어 진지하게 한 해를 보냄으로써 가족
과 국가 그리고 스스로를 실망시키지 말아 달라 당부하며 스피치를 마
쳤다.

  오바마의 이러한 격동과 감동을 전해주는 연설은 결코 그의 탤런트
(재능)에만 기인한 것이 아니었다. 오바마는 자신의 스피치 라이터와

함께 수천 번씩 스피치 초안을 수정하는 작업을 해왔으며, 이는 아무리 작은 규모의 연설일지라도 마찬가지였다고 한다. 이러한 한결같은 정성과 노력이 있었기에 오바마의 연설은 언제나 깊은 메시지와 시적인 표현이 담길 수 있었던 것이다.

또한 오바마는 파워 있게 스피치를 했던 것으로도 유명한데 이는 그가 간단명료하게 핵심을 이야기하는 방식을 많이 택했기 때문이다. 일례로 그는 연설 중에 "let me be clear."이라는 말을 자주 사용했는데, 이는 우리말로 하면 "명확하게 풀어 이야기하겠다."라는 뜻이다. 즉 본인의 주장을 간결하고 단호하게 정리함으로써 강한 이미지를 심어주었던 것이다.

무엇보다 미합중국의 대통령으로서 오바마가 가진 강점은 그가 자신감이 넘치고 품위를 지킨다는 것이었다. 품위란 오랜 시간을 통해 만들어지는 인간미이자 교양이다. 오바마의 스피치에서는 그의 보이스와 보디랭귀지를 통해서도 품격이 느껴지기에 더욱 심금을 울리는 전달력을 갖는다. 심지어 그는 유머스럽기까지 하다. 인간적 매력이 철철 넘치는 사람이 희망과 긍정의 메시지를 전하니 누가 매료되지 않을 수 있겠는가. 이처럼 오바마는 남다른 자세와 품위를 바탕으로 국민들에게 미국이 최고의 나라라는 자긍심을 느낄 수 있게 만드는 언어를 사용하였으며, 미국이 자랑스러운 나라이며 희망을 전파할 나라라는 신념을 주었다. 또한 꿈과 사랑, 그리고 신념과 같은 단어들을 사용하여 다 같이 힘을 모아 우리가 원하는 미래를 만들어가자는 비전을 제시했다. 그러니 많은 미국인들이 그의 연설에 크게 공감하며 격동될 수밖에 없었으리라.

오바마의 스피치를 분석해보면 그가 얼마나 철저하게 준비한 대본을 바탕으로 드라마틱한 연출을 해냈는지, 또 사람의 감성을 자극하고 근거를 통한 설득력을 갖추는지 등 뛰어난 언어구사력으로 대중을 사로잡았는지를 알 수 있다. 소위 '작품'이라 불리는 그의 많은 연설들 중에서도 손에 꼽히는 연설인 '오바마의 대선 후보직 수락 연설'을 꼭 한번 찾아보기를 바란다. 지금 이 장에서 해당 스피치를 모두 소개할 수는 없지만 왜 그토록 미국이 흑백혼혈인 그에게 열광했는지, 또 왜 그의 별명이 '검은 케네디'였는지를 알 수 있을 것이다.

Check Point 4.

공감하는 소통의 달인

오프라 윈프리

암울하기로는 둘째가라면 서운할 만큼 어두운 과거를 보낸 오프라 윈프리. 가난한 흑인으로 태어난 그녀는 사촌오빠, 옆집 아저씨, 어머니의 남자 친구에게 수차례나 성폭행을 당하고 심지어 사생아까지 낳게 된 아픔을 겪었던 것으로 유명하다. 심지어 윈프리는 20대에 남자 친구로 인해 마약을 복용하기도 하여 이에 대한 자책감으로 크게 괴로워하기도 했다. 그러나 그녀는 이러한 모든 아픔과 흑인이라는 편견, 차별을 모두 극복하고 당당하게 성공했다. 바로 〈오프라 윈프리 쇼〉로 말이다.

오프라 윈프리를 아예 잘 모르는 어린 세대라면 모를까 윈프리라는 이름을 아는 사람 중에서 〈오프라 윈프리 쇼〉를 모르는 사람은 없다. 1986년부터 시작되어 2011년에 막을 내린 〈오프라 윈프리 쇼〉는 약 25년간 방송되며 수많은 유명스타들과 함께 각종 이슈를 만들어냈다. 윈프리는 이 쇼를 통해 미국을 움직이는 하나의 힘이자 막강한 브랜드라 불릴 정도의 영향력을 행사했다.

이쯤에서 생각이 들 것이다. 어떻게? 불우하기 짝이 없는 과거를 살았던 이 흑인 어떻게 해서 여성이 세계를 움직이는 가장 영향력 있는 인물 1위에 이름을 올리게 되었을까?

그것은 바로 '경청'이었다.

대부분의 사람이 듣기보다 말하기를 더 좋아한다. 이는 상대방을 이해하기 전에 내가 먼저 이해받고픈 욕구가 더 강하기 때문이다. 그러나 분명한 사실은 '내가 이해받고 싶다면 상대의 말에 먼저 귀 기울여야 한다.'는 것이다. 단순히 '귀'만 여는 것이 아니라 마음을 열어야 한다. 이 책을 통틀어 내가 하고 싶은 이야기이기도 하다. 커뮤니케이션의 핵심은 '듣는 것'에 있으며, '상대방에 대한 배려'에 있다는 사실 말이다. 상대방의 반응은 전혀 살피지 않고 일방적으로 이야기하는 것은 최악의 대화법이다. 인간관계에서 성공하는 사람들이 '듣기'에 강하다는 것은 결코 우연이 아니란 얘기다. 진심으로 상대와 교감하고 싶다면 마음을 열고 집중하여 상대의 말을 경청함으로써 그 이야기에 공감하고 반응할 줄 알아야 한다. 그리고 윈프리는 바로 이 부분의 달인이었다. 물론 이는 결코 쉬운 일이 아니다. 오죽하면 말을 배우는 데에는 2년이 걸리지만 침묵을 배우는 데에는 60년이 걸린다는 말이 있겠는가.

또한 오프라 윈프리는 '경청'과 더불어 뛰어난 감정이입 능력과 공감 능력을 갖고 있었다. 그녀는 이를 통해 게스트들과의 대화에서 다채로운 반응들을 시청자들에게 보여주었다. 그녀는 자신의 쇼에 나온 게스트들과 대화를 나눌 때 공개적으로 울고 웃으며 온몸으로 상대방의 이야기에 반응을 해주었고, 또한 게스트의 이야기에 따라 자신이 아픈 과거를 털어놓기도 하고 또 거리를 조절하기도 하는 등 자신만의 분위기와 페이스로 쇼를 쥐락펴락했다. 그녀의 이러한 감정이입 능력은 뉴스 진행자이던 시절에는 단점이 되어 해당 자리에서 쫓겨나게 된 결정적 이유가 되기도 했지만 토크쇼를 맡게 되면서부터는 독보적인 강점이 되어 그녀의 영향력이 커지는 데에 크게 일조했다.

무엇보다 윈프리는 그저 듣고 반응하는 데에만 뛰어났던 것이 아니라 '말을 잘하는 여성'으로도 유명했다. 그녀는 어린 시절부터 독서와 암송을 통해 길러진 스피치 능력을 바탕으로 '꼬마 설교자'라는 별명을 가졌었으며, 17살이던 때에 출전한 화재 예방 미인대회에서 뛰어난 스피치 능력을 바탕으로 왕관을 따내기도 했다. 그녀의 방송계 입문 역시 이러한 스피치 능력 덕분에 이루어지게 되었다.

윈프리의 뛰어난 말하기 능력을 볼 수 있는 대표적인 스피치는 그녀가 제75회 골든 글로브 시상식에서 했던 수상 소감이다. 이는 그녀가 흑인 여성으로서는 최초로 평생공로상을 받으며 했던 9분짜리 수상 소감으로, 현장에 있던 배우들과 관객들은 물론이고 영상을 통해 접한 사람들에게까지 큰 영향을 끼친 스피치로 매우 유명하다.

1964년, 제가 아이였을 때, 저는 밀워키에 있던 어머니의 집 리놀륨 바닥에 앉아 36회 아카데미 어워드를 보았습니다.

앤 밴크로프트가 봉투를 열고 한 말은 역사를 새로 쓴 것이었어요. '수상자는 시드디 포이티어'였죠.

그는 지금껏 제가 본 어떤 남자보다도 우아했어요. 하얀 타이를 하고 있었는데 피부는 검은색이었습니다. 저는 태어나서 흑인 그렇게 축하받는 모습을 처음 봤어요. 저는 이런 순간이 어린 소녀에게 어떤 의미를 가질 수 있는지에 대해 계속해서 설명하려 애써왔어요. 다른 사람들의 집을 청소하느라 뼛속까지 지쳐버린 모습으로 돌아오던 제 어머니 같은 엄마를 둔 아이들에게 그게 어떤 의미인지 말입니다.

제가 이 자리에서 흑인여성으로서 최초로 평생공로상을 받는 것을 지켜보고 있는 어린 소녀들이 있을 것입니다. 그리고 저는 이 영광을 그들과 함께 나눌 수 있다는 것이 정말 감격스럽습니다. 또한 제게 영감을 준 많은 사람들과 저로 하여금 도전하게 만들고 여기까지 오는 여정을 가능하게 해준 많은 사람들과도 이 영광을 나누고 싶습니다.

지금까지 일을 해오면서 제가 늘 최선을 다하려고 노력한 부분은 남자와 여자가 진짜로 어떻게 행동하는가에 대해 이야기한 것입니다. 우리는 수치

를 어떻게 경험하는지, 어떻게 사랑하고 어떻게 분노하는지, 어떻게 실패
하는지, 어떻게 뒤로 물러서야하고 어떻게 극복하는지에 대해서 말입니다.

여성들이 지금까지 권력을 가진 남자들에게 맞서 진실을 말하려고 하면 아
무도 그 목소리를 듣지 않았습니다. 믿어주지 않았습니다. 그러나 이제는
때가 왔습니다.
지금 이 자리를 지켜보고 있는 모든 소녀들이 이제 새로운 날이 밝았다는
것을 알려주고 싶습니다. 훗날에, 이 새로운 날이 마침내 저물게 된다면 그
건 아마도 이 자리에 가득한 뛰어난 여성들, 또 훌륭한 많은 남성들이 앞으
로 누구의 입에서도 '미투(Me too)'라는 말이 나오지 않는 시대를 위해 싸
운 덕분일 것입니다. 감사합니다.

소신껏 발언하고 자신들의 개인적인 이야기를 세상과 나누어준 여성들이
특히 자랑스럽습니다. 이 자리에 모인 우리 모두는 우리가 하는 이야기로
인해 축하를 받아야 합니다. 2017년은 우리 스스로가 곧 이야기가 된 해
이기 때문입니다.

원프리는 이처럼 자신이 꿈이라곤 찾아볼 수 없었던 불우했던 어린
시절에, 흑인 배우가 골든 글로브상을 타던 것을 보았던 순간을 이야기

하면서 당시의 어린 소녀였던 자신이 꿈을 꾸기 시작할 수 있었다는 것으로 스피치의 문을 열었다. 그리고 자연스럽게 현재의 자신으로 이어가며 자신이 새롭게 누군가의 희망이 되어 영광스럽다는 말로 감동을 전했다. 윈프리는 이때에도 자신만의 페이스에 청중들을 집중시킴으로써 9분이라는 시간을 완전히 자신의 것으로 만들었다. 신중하고 서두르지 않는 말투, 그리고 강조하고 싶은 부분에서의 손동작 등을 통해 독보적인 자신만의 스피치 능력을 뽐낸 것이다.

경청이라는 무기와 감정이입, 공감력, 그리고 자기만의 페이스로 분위기를 주도하는 말하기 능력까지. 암울한 흑인 소녀였던 윈프리가 훗날 역사적인 인물로 회자될 수 있게끔 성공한 이야기. 거기에 그녀의 남다른 스피치 능력을 빼고 이야기할 수 있을까.

Check Point 5.

가슴을 울리는 연설의 달인

데일 카네기

미국 출신의 작가이자 강사였던 카네기는 무엇보다 본격적으로 '자기계발서'를 만들어낸 사람으로 유명하다. 그가 남긴 수많은 서적들 중에서도 《인간관계론》과 《성공대화론》 그리고 《자기관리론》은 카네기의 대표적인 자기계발서 3부작이다.

많은 이들이 '카네기' 하면 《인간관계론》을 가장 먼저 떠올리고는 한다. 그러나 《인간관계론》보다 10년이나 먼저 세상에 태어난 것은 바로 《성공대화론》이다. 그리고 이 《성공대화론》의 원제는 '대중 연설과 비즈니스에서 사람들에게 영향 미치기'로, 1912년에 YMCA에서 화술교실을 열었던 카네기가 강의교재로 사용하고자 만든 내용들을 정리하여 발행한, '스피치의 바이블'이라 불리는 책이다.

《성공대화론》이 스피치의 바이블로 여겨지는 이유는 시대를 막론하고 통할 수 있는, 스피치에 대한 메시지들과 사례들이 담겨 있기 때문이다. 수많은 발표들과 연설들, 그리고 커뮤니케이션에 관한 책들이 이 《성공대화론》의 영향을 받았다는 것은 부정할 수 없는 사실이다. 따라서 스피치는 물론이고 대화를 잘하고픈 사람들이 가장 최우선 순위로 찾게 되는 책이기도 하다.

카네기는 이 《성공대화론》에 자신이 스피치에 대하여 전하고자 하는 모든 것들을 담았다. 여기서는 그가 《성공대화론》에 담은 스피치에 대한 메시지와 사례 일부를 소개해보고자 한다.

카네기는 《성공대화론》을 통해 크게 '화술의 기본'과 '이야기할 자격 갖추기', '준비된 이야기와 즉흥적인 이야기의 목적', '대화의 기술', 그리고 '효과적인 화술' 등을 독자에게 전한다.

카네기는 스피치의 기본 중의 기본인 침착하게 말하기가 의지만 있으면 얼마든지 가능하다고 말한다. 즉 용기와 자신감만 기른다면 누구나 침착하고 명확하게 자신의 생각을 전달할 수 있다는 것이다.

사람들 앞에서 침착하고 명확하게 이야기하는 것은 보통사람들이 생각하는 것의 10분의 1만큼도 어렵지 않다. 그것은 신이 특별한 소수에게만 주는 특별한 능력이 아니다. 그것은 골프를 치는 것과 같다. 의지만 충분하면 누구나 잠재력을 개발할 수 있다.

청중 앞에 서면 그냥 앉아 있을 때처럼 생각하지 못할 이유가 있는가? 사람들 앞에 서면 더 잘 생각할 수 있어야 한다. 청중이 있다는 자체가 더 자극이 되어야 한다. 수많은 위대한 연설가들이 청중이 영감을 주고 두뇌 회전을 더 빠르게 해준다는 말을 할 것이다.

연습을 꾸준히 하면 당신도 이렇게 할 수 있을 것이다. 연습을 하면 청중에 대한 두려움이 사라지고 자신감과 용기를 가질 수 있다.

발표자는 언제든지 튀어나갈 수 있는 경주마처럼 긴장해야 한다.

키케로가 2천 년 전에 말한 것처럼 모든 대중연설의 진정한 매력은 긴장감이다.

케네디는 또한 자신감과는 별개로 어느 정도의 긴장감이 말을 더 잘할 수 있도록 해준다고 말한다. 긴장감이야말로 대중연설의 매력이라는 것이다. 그리고 뒤이어 《성공대화론》을 통해 효과를 거두려면 아래 4가지 규칙을 따르라고 권고한다.

1. 강하고 끈질긴 욕망으로 시작하라.
   - 전진은 쉽게, 후퇴는 어렵도록 만들어라.

2. 말하고자 하는 내용을 철저히 알고 있어야 한다.
   - 말하고자 하는 것을 확실히 알 때까지는 말하지 마라. 확실히 알게 되면 그때 말하고 앉아라.

3. 자신감 있게 행동해라.
   - 행동과 감정은 함께 움직인다. 두려울수록 용기 있게 행동해라. 그렇게 행동하다 보면 두려움이란 감정은 사라질 것이다.

4. 연습해라! 연습해라! 연습해라!

　- 두려움은 자신감의 부족에서 생긴다. 경험이 많이 쌓이면 두려움은 저

　　절로 사라질 것이다.

　카네기는 이렇게 자신감 있게 이야기할 줄 아는 자세를 갖는 것을 기
본으로 한 뒤에 스피치 준비에 대해 조언한다.

많은 사람들이 저지르는 결정적인 실수는 준비를 소홀히 한다는 것이다.
젖은 화약이나 총알 없는 빈총을 가지고 전장에 나가면서 어떻게 두려움이
라는 적을 물리칠 수 있겠는가?
링컨은 이렇게 말했다.
"나는 아무리 나이가 들어도 완벽하게 준비하지 않은 상황에서는 침착하게
연설할 수 없을 것 같다."

　즉, 자신이 하고자 하는 말이 무엇인지 분명한 메시지를 설정하고,
이를 철저하게 준비하여야만 청중들에게 강한 인상을 남김으로써 전하
고자 하는 바를 달성할 수 있다는 것이다. 카네기는 특히나 이 '준비'에
대해 이야기하며 준비만 철저하게 해도 연설의 90%는 전달이 된 것이
나 다름없다고 말한다. 그리고 뒤이어 진정한 준비란 무엇인가에 대해

조언한다.

연설을 준비하는 것이 좋은 문장을 써놓고 단순히 암기만 하면 되는 것일까? 아니다.

연설을 준비한다는 것은 당신의 생각과 신념을 모아놓은 것을 의미한다. 당신이라는 존재는 감정과 경험으로 완성된다. 이런 것들이 당신의 마음에 무의식으로 존재한다. 준비는 잠재되어 있는 생각들을 끄집어내고, 당신에게 가장 와 닿는 생각들을 선택해서 당신만의 고유한 문양으로 만들어내는 것을 의미한다.

또한 주제에 대해서는 깊이, 오래 생각하고 고민할 것을 주문하며 스피치를 위한 자료를 모으면서 드는 생각들을 전부 글로 적어놓으라 말한다. 이렇게 생각을 확장해나가는 것은 곧 생각의 정리로 이어지게 되고, 그렇게 나 자신에게서 나온 내용이야말로 듣는 이들에게 가장 큰 교훈을 줄 수 있는 스피치가 된다는 것이다.

이 외에도 카네기는 추상적이지 않고 구체적인 예시를 적절히 섞어 이야기할 것과 이야기하고자 하는 주제에 대해 끊임없이 생각하며 질문을 던져볼 것, 그리고 실제 스피치에서 사용할 것보다 더 많은 자료를 모을 것 등 준비를 위한 단계에서 필요한 부분들을 조언해준다. 그리고 그 뒤에는 유명한 연설가들이 어떻게 그들의 연설을 준비했었는지, 완벽한 연설이란 어떻게 구성되는지와 그 예시, 기억력을 향상시키는 방법들, 청중들의 관심을 잃지 않기 위한 말하기 방법과 태도(자세 및 마음가짐), 성공적인 연설에 필요한 필수적인 요소들, 좋은 연설의 비결 등 그야말로 스피치를 하고자 하는 사람이라면 반드시 알아두어야만 하는 것들에 대해 전해준다.

카네기의 《성공대화론》은 이처럼 스피치에 대한 방대한 지식과 더불어 실질적인 예시와 방법들을 전달함으로써 '진짜 말하기란 이런 것이다!'라는 메시지를 우리에게 외치고 있다. 말하기가 익숙한 사람이 아니면 우리는 누구나 발표나 연설과 같은 '스피치'에 두려움을 가진다. 이는 당연하고도 자연스러운 일이다. 만약 당신이 위대한 연설가들이 부럽다면, 꼭 카네기의 《성공대화론》을 독파해보기를 권한다. 스피치의 바이블이라는 별명처럼 《성공대화론》이 당신을 위대한 연설가의 길로 이끌어줄지도 모른다.

누가 주인공인가?

소통을 하는 사람들이 가장 크게 오해하는 것이 바로 '말하는 사람'이 대화의 '주인공'이라는 사실이다. 이 생각이 많은 대화를 실패로 이끌고, 좋은 대화, 질 높은 대화로 이어지지 못하게 만든다. 그렇다면 대화의 주인공은 누구인가? 이미 답을 짐작하고 있겠지만 바로 '듣는 사람'이다. 때때로 우리는 소통의 기술을 '말 잘하는 기술'이라고 생각하며 대화 속에서도 내가 하고 싶은 말을 미리 계획하고, 내가 말하는 방식을 고수하며, 자기도 모르는 사이 상대에게 자신이 전달하고자 하는 말을 그대로 이해할 것을 강요한다. 그러나 우리는 잘 알고 있다. 우리가 그런 대화 속의 '청자'가 되었을 때 그 대화에 대한 거부감이 생기고, 그 사람을 오해하게 되고, 그 사람과 다음 대화를 이어가고 싶지 않게 된다는 사실을.

좋은 대화의 시작은 상대방을 이 대화의 '주인공'으로 여기고 시작하는 것이다. 배려가 담긴 대화, 상대방의 이야기에 귀를 기울이는 대화, 내가 전달하고자 하는 것을 상대가 원할 때까지 기다려주는 마음. 그리고 이 대화가 정말 좋은 관계로 이어질 수 있기를 바라는 진심. 이런 것들이 대화의 질을 높이고, 성공적인 대화를 이끌어낸다. 여기서 성공적인 대화란 대화를 나누는 사람들 모두가 원하는 것을 얻은 대화를 의미한다. 이는 연인, 친구, 직장인, 비즈니스 관계 등 모든 관계에 해당하는 이야기다.

나는 이 책 다음에 조금 더 디테일하고 전문적인 '커뮤니케이션 기술'에 대한 이야기를 정리해서 담기 위한 준비를 하고 있다. 그 어려운 과정 속에서 여전히 깨닫게 되는 것은 역시 '상대에 초점을 맞춘 대화'가 소통의 고수들이 가진 최고의 기술이라는 사실이다. 쉽지 않지만, 관점을 바꾸려는 노력이 조금씩 조금씩 쌓여간다면 분명 어느 순간 자기도 모르게 제법 능숙하고 자연스럽고 그러면서도 질 높은 대화를 이끌어가는 자신을 발견하게 될 것이다.

이 책을 내기까지 많은 사람들이 도왔다. 언제나 하나의 프로젝트에는 수많은 사람의 노력이 담기기 마련이다. 일일이 말할 수 없지만 그들의 모든 도움에 충분한 감사를 전하고 싶다. 이 책이 그동안 '커뮤니케이션'으로 인해 상처를 받은 모든 사람들에게 작은 위로가 되길 바란다.